Picasso

PICASSO TOUT CONTRE COCTEAU

毕加索 与 科克托

Jea Cocteau

上海远东出版社　　[法]克洛德·阿尔诺（Claude Arnaud）著　　杜薇 译

为了纪念约翰·理查森

前言

　　2013 年出版《普鲁斯特与科克托》时我有些匆忙。这是在我写下关于科克托的传记的十年之后，这本传记长达 864 页，我在里面盘点了一个最特别的多元化艺术家生活的方方面面，我害怕重复自己已经写过的内容。有这么多的读者对这充满爱意的友谊转为富有攻击性的竞争而着迷，这令我惊讶。崇拜普鲁斯特的读者在其中发现了某种隐晦的真实——一个喜欢折磨别人的创作者却说自己是别人的牺牲品——这同样让我惊讶。科克托比《追忆》的作者年轻二十岁，是一只他很容易指责的猎物：从他们 1910 年左右相遇到普鲁斯特 1922 年去世：普鲁斯特只是责备科克托过着他自己也过了很久的那种生活——直到他离开那种生活去写作。

　　这种奇异的惊讶让我有了书写科克托和毕加索之间从 1915 年到 1963 年的友谊的愿望，这段友谊更残酷，更是宿命一般。毕加索以几乎透明的方式在其中扮演着"刽子手"的角色，他比科克托年长九岁。无疑有虐待狂倾向的他在不掩饰受虐狂倾向的作家身上看到了一个可靠的搭档：需要吸周围人血的他很早就明白了作家的痛苦正是他创作的源动力。强烈的吸引可能和尖锐的恼怒相交替，但在长达半个世纪的时间里，他们总能组成一对儿。怒火过后，毕加索的每次恶意中伤都会增添科克托靠近他的欲望。

一切似乎都在使一个如此专注的画家毕加索远离一个如此丰富的创作者科克托。他们都妒忌对方的天赋，从来都毫不犹豫地"窃取"对方的发现：很多芭蕾舞和肖像画、布景和服装、序言和文本都诞生于这对边界模糊的组合。这一对组合尽管不平等但是互补，其生命力无穷无尽，他们对 20 世纪美学的贡献是具有决定性意义的。

希腊罗马时代喜欢将战士的生活与演讲者的生活相提并论，使他们各自的优点相得益彰。毕加索和科克托在这令人着迷的面对面中阐释的就是这种逻辑。他们表现出赤裸的源动力，科克托在热忱地恭维毕加索时非常清醒地意识到他是个多产的画家，而毕加索的玩世不恭中也夹带着对聪明而富有创造力的科克托真诚的崇拜。

有时，活在别人的意识里比活在自己的意识里要好；别人的意识不那么沉重、更透明。萨特曾经说过，"走进一个死去的人的世界就像走进一个磨坊"，让我们进入这两个出色的磨坊主的内在世界，他们不断地打磨文字与颜色，相互崇拜又彼此激怒。

目录

艺术的童年

巴勃罗·毕加索是安达卢西亚马拉加博物馆馆长的儿子，他的天才从小就引起了他父亲的关注。看到他在还未开始阅读时就不断地绘画，这位业余美术爱好者鼓励儿子继续努力创作。这个孩子在不到八岁时就创作出了第一批画作，他父亲堂·何塞·鲁斯认为这些画作相当成熟，他把自己的画纸分享给儿子，1891 年他为儿子报名了克洛涅中学，那是他自己担任美术教师的地方。

善良而衰弱的父亲受到抑郁症的困扰，然而他将自己对斗牛与鸽子的爱好遗传给了长子，被儿子以不同形式的速写呈现在画作中。孩子通过模仿汲取了这位前途无望的业余画家的经验，他的进步是如此之快，父亲将自己因眼疾而未能完成的画作交给儿子来完成。比巴勃罗小六岁的妹妹玛利亚患上了白喉病，看到妹妹的痛苦，他向上帝祈求并发誓说如果妹妹被治愈，他将永远不停止绘画。上帝偏爱的是巴勃罗，他只能在妹妹的尸体前再次发誓永不放下画笔。这时巴勃罗只有 13 岁。

1895 年，在看到巴勃罗以无比的精细描绘出一只钉在木板上的鸽爪时，47 岁的堂·何塞决定将自己手中的画笔移交给巴勃罗——毕加索长大之后是如此描述他传奇般的早年经历的，并补充说在那个年纪，他的画艺已经能与拉斐尔媲美。实际上，他父亲在后来的时光中仍然坚持绘画和办展，他把儿子当成一个好学生，而非早熟的天才。

堂·何塞被洛加美术设计学校雇佣，这是巴塞罗那一所绝好的学校。巴勃罗通过了入学考试，被破格录取，他的年龄比同级的学生小 5 岁。作为一个模仿高手兼无数模仿犯的培育者，堂·何塞鼓励儿子频繁地参观博物馆，并为他租借了一个工作室，1896 年他主持了画作《科学与慈善》的创作，并自己担任医生一角的模特。但由于视力的严重退化，有天赋和名望的父亲不再担任巴勃罗的老师，而是作为他的个人教练，把自己受挫的野心传递给了儿子：他也许成了儿子的反面教材。

是他的长子将他们家的姓氏发扬光大，如同绘画史上的巴萨诺①和勃鲁盖尔②。很多他父亲的画像和自画像都是由巴勃罗签名的，比如 1896 年的《佩帕阿姨的肖像》，之后他被圣费尔南多皇家美术学院录取，这是一家属于西班牙公立美术教育系统的机构。作为一位早熟的、超越了父亲的天才，16 岁的巴勃罗·鲁斯·毕加索是西班牙最好的美术学校的最完美的学生。

---

① 巴萨诺（Bassano，1549—1592），弗朗西斯科·巴萨诺是文艺复兴时期的意大利画家，他的父亲雅各布·巴萨诺（Jacopo Bassano，1510—1592）的四个儿子都成为了艺术家，在风格和题材上紧随其后。雅各布去世后不久，弗朗西斯科就跳窗自杀了。

② 勃鲁盖尔（Brueghel），老彼得·勃鲁盖尔（Pieter Brueghel de Oude，1525—1569），荷兰著名画家，他的儿子小彼得·勃鲁盖尔外号"地狱勃鲁盖尔"，在自己创作之余也临摹或重画父亲的作品。

只有学院派野心的毕加索专注于探索他父亲教给他的叙事性绘画传统。他临摹普拉多美术馆里最伟大的画作，刻苦地汲取以前这些大师的经验，甚至比他们画得更好。1897 年他还研习了另一种不太重要的画法"点彩法"，并对印象派表现出极大的轻蔑，终其一生都是如此。

与和他同时代的那些年轻画家相比，他所受的美术教育就这样更早开始了。他不断地质疑现实主义绘画和透视法，就像那些先锋派画家一样。从表现主义象征派画家冯·斯塔克①的角度来看，他遵循大师们留下的轨迹耕耘，对于老一辈而言是最有实力的年轻画家之一。

父亲的干涉开始困扰巴勃罗，1898 年夏天他出发去了巴塞罗那。他只有 16 岁，而相比于遗产，逃离父亲的困扰似乎更加重要。马拉加人在接触到加泰罗尼亚首都之后开始变得现代化。这里是繁华的工业大都市和西班牙先锋艺术之都。而堂·何塞的威信由此削弱。因为从未认真地为理想付出过，他更倾向于靠年金生活，他成了某种反面的典型。在画作上签上他走下坡路的父亲鲁斯·布朗科的名字之后，巴勃罗加上了他母亲的名字，毕加索，并在1901 年之后只保留这个名字。他最完美的《毕加索自画像》将一种来到巴黎后的解放感表现得淋漓尽致。

尽管他不再见到他父亲，他们的关系却并没有破裂。在整个蓝色时期（1901—1904），堂·何塞继续给他寄画

①　冯·斯塔克（Franz von Stuck, 1863—1928），德国画家、雕塑家、版画家和建筑师，1906 年被授予巴伐利亚王冠功勋勋章，从此被称为冯·斯塔克。

框和颜料，因为毕加索因缺乏材料而时常被迫在同一幅画上改工。和父亲保持距离也产生了美感，他产生了某种隐秘的负罪感。他认为是自己的成就让父亲在事业的道路上退缩，毕加索甚至在这种双重的背弃下看到了一种弑父情结，"在艺术上每个人都必须杀死自己的父亲"，后来他这样说道。

然而对于这个患有抑郁症的失败者，毕加索保留了某种亲情。他尽量在物质上帮助他，在困难的时候竭尽全力地去弥补堂·何塞为了帮助他而遭受的损失：毕加索自身的成功是最好的报答。在战后，他甚至说当和平运动在发达世界的每堵墙上画满鸽子时，他用这些鸽子充分地报偿了他的父亲。

不过，这里没有遗传，更没有四手合作的画作：毕加索认为自己的父亲美学观念太过消极，他否认自己从他那儿继承了什么东西。他父亲把火炬交给了他，接下来，这团自他到巴黎以来一直在烧灼他的火焰就由他独自照管。从蒙马特到亚捷①，他以令人惊讶的好奇心观察周围的一切。他不仅在美术馆和工作室里寻找灵感，如同在西班牙那样，而且在城市里，在大街上，在大自然的核心地带寻找它们。如同印象派所宣称的那样："我在枫丹白露森林里漫步。我融化在绿色中，情不自已。我必须在画布上呈现这一切。绿色是主色调。"

这位爱好艺术的父亲仍然对他有些影响，但这种影响却是空虚的。堂·何塞留下的些许痕迹让他相信只有在狂

---

① 亚捷（Arcueil），法国法兰西岛大区瓦勒德马恩省的一个市镇。

热的坚持之下才能取得一定地位。"在绘画方面不存在有
天赋的孩子",正如他对他的摄影师朋友布拉塞[①]所说的
那样,而他还曾向阿波利奈尔[②]透露他只相信工作,这就
使人们对他"是一个天才"的评价没有意义了,尽管他做
出一切努力来保留天才的名声。他做出各种努力来证明自
己的创造性,动力也正来源于此。他强迫自己保留了从7
岁到71岁所画的所有速写和他在地球上留下的一切微小
痕迹——邀请函、电影票、用餐小票——也不枉为一位博
物馆馆长的儿子了。如同这每一件纪念品都有父亲的任何
一幅画作都无法匹敌的价值。他已经准备好采取任何方式
来战胜威胁着每位艺术家的被遗忘的命运。

　　堂·何塞从而有了比榜样更好的角色:一个理想的陪
衬。他可能代表了他儿子无论如何不愿成为的那类人,这
样的角色比一位成功的父亲更能释放儿子的潜能。这位失
败的父亲反倒鼓励儿子不要满足于任何事,甚至不要满足
于成功。毕加索不仅将与父亲传承给他的那些绘画法则作
战,还要与他美化和理想化的倾向——那种优美、香气弥
漫的风格作战,他将一直见证这些直到蓝色时期。他从未
偏离这套反面教程,即便是在他可以和古典主义达成某种
和解的时期。在1913年堂·何塞去世以前很久,他就与
美、传统和情感彻底割裂,他完美地隐藏了他家人认为他

----

①　布拉塞(Brassaï,1899—1984),著名匈牙利摄影师,1932年出版摄影集《夜巴黎》,1980年出版《在我生活中的艺术家》,毕加索、达利和马蒂斯等艺术家都曾出现在他的镜头下,引起轰动。

②　阿波利奈尔(Guillaume Apollinaire,1880—1918),法国著名诗人、小说家、剧作家和文艺评论家。著有诗集《醇酒集》(1913)等。

不具有的情感。这种隐藏像是将他背负的债务一笔勾销了。

让·科克托也属于这类一取得了自我意识就决心摆脱寂寂无名状况的人。他也是一位艺术爱好者的儿子，他的父亲——温柔而忧郁的乔治·科克托，是一位得益于法郎的稳定利率而可以在19世纪80年代悠闲地靠年金生活的商业律师。这位律师整天在画架前度日，在亲家勒孔特家族在迈松拉斐特①的住宅里，或者在他岳父借给他的陈旧的酒店二楼。这种寄人篱下的生活使他在两处奔波，像一个多余的人。

乔治·科克托与堂·何塞相比更优柔寡断。他负责保管岳父收集的大量德拉克洛瓦和安格尔的画作，这让他对自己产生了怀疑。他从未画过一幅完整的画作，只画些水彩画。他为妻子欧仁妮和另一个儿子保罗画的肖像也只在家族内流传。

学习成绩不佳的小科克托每天放学后就看着这位阴郁的父亲不知疲倦地作画，然后清洗他的画笔，将比自己自信许多的妻子带去看歌剧和音乐会。他是儿子绘画的启蒙老师，为血气方刚的儿子画了几幅铅笔和木炭肖像画。在这位以画笔疗治抑郁的父亲引导下，小科克托开始为周围人和来家里举办小型音乐会的音乐家画像。他很有天赋，早期的画作都被外祖父购买和收藏起来，给他换一些零花钱。他会临摹父亲的画，但被他看作榜样的是他的母

---

① 迈松拉斐特（Maisons Laffitte），大巴黎78区的一座小城，南临塞纳河。

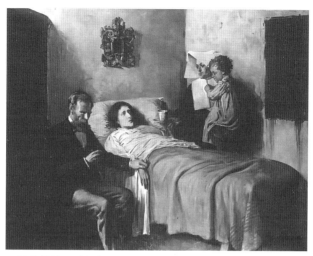

《科学与慈善》，毕加索创作这幅画时年仅 15 岁

亲，而不是这位可怜的、违心的"女王的丈夫"，他训诫
他时总是缺乏威信。

　　小科克托当时已经在绘画方面展现出了真正的才华，
他的画作灵动又酷肖原型。他用剪刀、胶水和纸板来做家
庭戏剧的布景，并从报刊上的漫画中得到启发，来给来访
者画素描。他的早熟伴随着某种神经质，这对一个有艺术
梦想的资产阶级家庭而言是难以接受的，这使他的家人担
忧。对色彩天生的敏感使小科克托可以捕捉他看到的任何
东西的颜色，每个人都鼓励他：模仿大师被认为是达成任
何美术造诣的关键的第一步。欧洲各国每年都会派最好的
学生到罗马的美术协会临摹拉斐尔和普桑，临摹《法尔内
塞大力神》和《拉奥孔》。公认的是，如果现代画家留下
一幅名作，他可以获得和古代画家齐名的声誉，但临摹仍
然是所有优点的来源。如果说米开朗琪罗是绝对的大师，

那是因为他借鉴了收藏家收藏的古代大师的作品并临摹得惟妙惟肖、超越原作，他将这些仿作也保存了下来。天生的才华在对过去作品的复制中得到了验证。

在科克托还不到 8 岁时，家里来了一位画家。约瑟夫·温克尔原是火警主管吉约姆的学生，他频繁地光顾迈松拉斐特的小型家庭音乐会。他成为科克托母亲的朋友，并购买了她的两幅肖像画。这位自信而有野心的画家的到来让小科克托看到了自己父亲的局限性。父亲失去了最后的威信，在精神生活中退隐起来。1898 年 4 月 5 日，从家里传出的一声尖叫打断了小科克托与表亲的散步：他刚刚 55 岁的父亲已经在他的婚床上长眠了。

乔治·科克托总是信守承诺，小科克托拒绝相信头一天还答应帮他修理相机的父亲突然离世。他开始装作一切都没有发生，就像勒孔特家族在掩饰了这场自杀之后，为这位绝望的死者举办了宗教葬礼仪式，人们循规蹈矩、很好地办了后事，很快就没有人再提自杀之事。乔治·科克托是否怀疑妻子和另一位画家有染？在匿名写作的《白皮书》——本来自一名自豪的同性恋者的忏悔中，科克托在 1928 年暗示说他父亲的取向与他自己类似。"他可能不知道自己在走下坡路，而是在继续爬上另一座山坡，他不清楚为什么自己如此吃力"，然后他说，"在他那个年代，自杀也许是为了更微不足道的一点事。"

他后来很少提到这位没留下一句话就离开的父亲。就像他题献给他兄弟的《简单的故事》中那个寂静的幽灵一样小心，乔治·科克托就这样待在他记忆的死角：他不再和母亲提到他，直到 1950 年才在日记中提到往事。直到他自己也濒临死亡时，他才允许自己提到他父亲在婚房里饮弹自尽或割喉自杀的往事。"如果我们抹去弗莱斯迪尔先生（他的自传《遥远的距离》中主角的父亲），那是因为他将自己抹杀了。在很年轻时，他就被困扰杰克的魔鬼所困扰。他通过学习和婚姻打败了这个魔鬼。但是魔鬼最终是很难战胜的。"

乔治·科克托有一张典型的法国面孔，当他的儿子在镜中看到自己的黑发、茶褐色的脸和椭圆形的眼睛——这些让他看上去有点像印度和阿拉伯人的特征，他会这样问自己道："我怎么会有一个如此谨慎小心的父亲，出生在来自勒阿弗尔的经纪人家庭？怎么会生出这么奇怪的我来？"他宁愿相信自己是在波斯挖掘古物的考古学家的儿子，或一位遥远的东方王子的弃儿。这样，他在精神上再次杀死了这个靠年金生活的他的法定父亲。是一只来自舍赫拉扎德的鹳将他放在了迈松拉斐特的女贞树上吗？这一切在这个热爱故事和传奇的人看来都是可能的，这一时期他着迷地阅读《一千零一夜》，并经常参加裁缝保罗·普瓦雷家的波斯舞会。驱使他重造自己生活的创造性心理机制也使他倾向于认为自己是一个不寻常的人，他可以有很多种存在方式，而不仅仅是1905年的一个小巴黎人。这个善变的人在母亲身边取代了自杀者的位置，陪同她听歌剧和音乐会。

在整个余生中他都感到对父亲的去世负有间接的责任。他含蓄地自责，认为自己将乔治·科克托从家族中驱逐了出去，以偷取他的社会生活。他的作品中充满了对平庸的父亲和毫无界限感的儿子的描述，他们也经常有自杀的企图。他其实没有直接导致他父亲的自杀，但这在他心里留下了针扎似的创伤。他被俄狄浦斯的形象困扰，这个瞎眼的弑父娶母的继承人。

与毕加索相反，他没有从有意识的弑父中汲取力量，毕加索则将个人的发展和对堂·何塞象征性的谋杀联系在一起。

乔治·科克托的自杀成了儿子的宝贵财富。毕业考三次不及格的、年轻的科克托决定弃学去做他父亲梦想成为的画家，也成为他母亲经常来往的那些作家，他啃着他们写的书。和毕加索一样，他知道父亲缺乏将理想付诸实践的坚定意志，他没有成为像父亲那样的艺术爱好者，而是不停地画画和写作、废寝忘食地工作，即便是在最艰难的时候。在六十年的时间里，他以毕加索在画作上签名那样的坚持在他自己的书上题字、在他住所的外墙上涂鸦。他不惜一切代价地努力生活，来反驳他不认为生命有任何价值的父亲。

只有12岁的科克托为他遇到的每位名人画像，技术堪比美好时代的著名漫画家山姆和卡佩罗，并在钢琴方面也显示出惊人的才华。他四周满是混凝纸做的模型、绸纱裙子的图样，他什么都尝试去创作，短小的喜剧、街边戏剧、微型戏剧——任何一种形式都满足不了他强烈而敏感的表达欲望。在月明之夜他的心火燃烧着，只要他一出现在公众面前，他就心潮澎湃。在他成功时，他感觉自己就是天选之人。如果他不受欢迎，他就感觉脚下仿佛踏空一样。

他对得到承认有种病态的渴望。他甚至希望自己口中长出百合花来证明自己的与众不同。他钢琴家般灵巧的双手让母亲的朋友们十分赞赏，他们都希望有这样才能出众的孩子，但是受欢迎已无法让他满足，他需要去征服：15岁时，他在一周时间内学会了特里斯坦·贝尔纳《三重拍》中子爵这个角色的表演，在一家瑞士的酒店里受到住客们的好评。一年以后，他完成了自己第一部大戏的创作，他在18岁时计划写一部关于米达斯的悲剧，而毕加索经常被与这位点石成金之王相提并论。

像堂·何塞一样，让的母亲欧仁妮也只看重功成名就的艺术家。她喜欢极老的圣人，如萨拉·伯恩哈特——她在年近70岁的时候还出演《英雄拿破仑》。享有尊荣对于她而言，是有兰德鲁那样的胡子和满脸沟壑纵横的皱纹。年轻的科克托的文学偶像，比如阿纳托尔·法朗士，比他大了50多岁；而著名的安娜·德·诺阿伊和尚未成名的马塞尔·普鲁斯特一样，在年龄上可以做他母亲，她的写作方式使她紧密地与逝去的19世纪连接着。他20岁时写的诗集《轻浮的王子》再早20年也可以被创作出来：科克托如毕加索一样度过了漫长的青春时光，艺术上的青春时光。

他模仿前辈绘画和写作的方式，其能力使他不受任何羞怯情绪的困扰。在拜安娜·德·诺阿伊为师六个月之后，他写出了水平相当的诗歌，他用同样的蓝紫色墨水模仿着她的笔迹。他甚至可以仿造罗伯特·孟德斯鸠伯爵那可怕的写法，或者普鲁斯特无病呻吟的反唇相讥，而他以和偶像匹敌为乐。他只要模仿就能学会，并自信超越了这些大师：水彩画家让·雨果曾经看到他花费数小时的时间用透明纸描 1930 年代杂志上的走样的插图。

他的模仿能力是如此具有说服力，当作品被当成他想象中的偶像之作时他会非常高兴，他认为自己可以成为任何人。他父亲就断然变得毫无价值了吗？在他母亲和别人眼里，他就是一切。他像俄尔甫斯那样吸引着人和兽，而俄尔甫斯这位吟游诗人则是他的终极偶像。当他在这方面超人的天赋不被认可时，他会暴跳如雷或保持着倨傲。神灵难道不是在这种无休止的变形中隐藏着么？

同时，他身上的一切都是古怪的。他的头发乱七八糟，他的牙齿横七竖八，他患有过敏症、口腔溃疡和顽固的、医生也治不好的失眠。气压的一丁点变化就会让他的血管不舒服，让他情绪失控。"与埃菲尔铁塔同年（1889年）诞生的他捕捉到了时代的脉搏，总是机灵地传递给别人他自己灵机一动所感受到的东西"，艺术评论家安德鲁·费尔米耶后来这样写道。无法捉摸、不可预见的他让人想到线圈做的人：在需要时可以自行解开重塑。

"如果说科克托对他人的开放性使他可以借鉴所有的艺术形式，他却没有保留其中任何一种。他站在对话者的角度思考，感知别人的弱点、缺失和丑陋"，侏儒皮拉在回忆录中这样写道，这被科克托拍进了《永恒的回忆》中。"他参与别人的生活如此之深，他成了婚礼上的新娘、受洗礼的孩子、朋友葬礼上的逝者"，音乐家亨利·索凯在他的回忆录中这样写道。这是不是因为他被人们所吸引，被一个马童带到了迈松拉斐特的马厩里？他认为自己与他的小伙伴们相比是如此不同，自己甚至好像是向圣母玛利亚伸出预告着好消息的百合花枝的加百列。

　　他拥有能潜入别人头脑中、模仿别人的语言和动作的天赋；他的狂热在古代世界是能体现神意的表达者的特征，他在写作、绘画和跳舞时进入一种焦虑状态。他是从造世主身上脱落下来的一块碎片，是他在地上的器官，造物主就通过这些器官思考着：如何使地上的一切变得更好。

缝纫机和雨伞

毕加索与从他父亲那里来的那种学院派风格决裂，一到巴黎，他绘画的风格就开始走向"现实主义"，这个时期被称为蓝色和粉色时期——悲哀的小丑面具、轻浮的姑娘们、色彩斑斓的小丑和哺乳的母亲们。他如饥似渴地吞下成堆的大师作品，渴望大师们能引导他灵巧的手。"在毕加索看过一幅绘画或版画后，我惊讶于纸上总会留下些东西"，他的第一个收藏家雷欧·斯泰因这样说道。他通过相互矛盾的模仿阶段来超越自己：科克托可能会说到毕加索—纳蒂埃①或毕加索—夏尔丹②阶段，可能还有毕加索—图卢兹·劳特雷克③、高更、海关官员卢梭④。"只有熟悉别人的创作，人们才能创作出自己的艺术作品"，他这样说道。在融会贯通了那些最为杰出、堪称怪物的大师

---

　　① 纳蒂埃（Jean-Marc Nattier，1685—1766），18 世纪法国最成功的肖像画家之一，以描绘国王路易十五宫廷中身着古典神话服装的贵妇而闻名。
　　② 夏尔丹（Jean-Baptiste Chardin，1699—1779），法国画家，画风平易朴实，是 18 世纪市民艺术的杰出代表。
　　③ 图卢兹·劳特雷克（Henri de Toulouse Lautrec，1864—1901），法国画家，幼年时摔断两腿而导致残疾。
　　④ 卢梭（Henri Julien Félix Rousseau，1844—1910），法国卓有成就的后期印象派画家，曾任海关官员。

们的作品后，他证明了他自己的话，现在他不再是马拉加博物馆馆长的儿子，而是巴勃罗·毕加索。

绘画不仅展现人所看到的东西，也在"述说"他眼中的某事。而马克斯·雅各布这位他的诗歌启蒙人、第一个评论他作品的德国艺术史家指责他的画作含义太丰富，并受到象征主义过多的影响。在发现了基克拉泽斯岛上的原始艺术、特罗卡代罗宫的民族志博物馆的红皮肤娃娃之后，有棱角的非洲面具让他感受到非洲人的天才，毕加索开始探索这些未知的大陆。"我看着这些护身符，然后我明白了：我也反对一切。"后来，和安德烈·马尔罗交流时他这样说道。

塞尚、马蒂斯的画与卢浮宫的伊比利亚小塑像把他推向了某种令人迷惑的几何化，这一特征在于 1907 年完成的《亚威农少女》中涌现出来。他在巴塞罗那的亚威农街闲逛时有了灵感，画作描绘了用图形表示的五个裸体女人。很少有人预见到，《亚威农少女》将开创一条立体主义的道路——"他会在他的画作后自缢的"，德兰这样说。布拉克①和毕加索从 1907 年到 1913 年都不遗余力地维护着立体主义，但是他俩固执地要在画中融合"现实"的碎片——报纸、纸牌、啤酒罐——这带来的是讥讽和愤怒。

这一新的绘画手法尽管由两人带领，但更多地是源于毕加索深入形态核心的执着。在拆一把吉他时，他就像孩子拔掉收到的玩具里的弹簧那样兴奋，或是一个正在拆来

---

① 布拉克（Georges Braque，1882—1963），法国立体主义画家与雕塑家，"立体主义"这一名称由他的作品而来。

自伏都教庙宇的满是钉子、贝壳和稻草的刚果小包①的人类学家。14 岁时他被朋友巴拉雷斯带到声色场所，他将雄性本能和创造性融合起来，像一个掠夺者那样绘画和雕塑。这位受了他那个时代最好教育的画家受他视觉的残酷无情引导，和布拉克一起打开了一个再也无法关上的潘多拉盒子。在为视觉享受而工作了许久之后，画家们开始为惹人不快和令人震惊而工作。

科克托的进步要慢一些。他 18 岁就受到美好时代的明星演员德·马克斯的称赞，在费米娜剧院高声朗诵他的诗歌，成了巴黎的文艺沙龙里的宠儿，人们称赞他的天才，他则如鱼得水，经常因为将旧的形式推陈出新而得到喝彩。在俄罗斯芭蕾舞团 1913 年第一次上演《春之祭》时，斯特拉文斯基粗鲁的音乐、尼金斯基②宗教仪式般的编舞与洛里奇③野蛮的布景使他感觉到了前所未闻的声音和形状的新大陆。他来自一个为"过去"鼓掌的阶层，他发现了野心勃勃的艺术家们创造"未来"的大胆。他突然意识到自己的小调已经过时，开始喜欢人们称呼他为"早起的公鸡"，他向让人困惑的阿波利奈尔敞开大门，参考寥寥可数的先锋派剧团，勤奋地阅读《巴黎之夜》杂志，而在这本期刊上马克斯·雅各布用诗歌对毕加索的版画

① Paquet congo，是海地祭司在仪式中制作的灵物，其名字来源于古代的刚果王国。

② 尼金斯基（Vaslav Nijinsky，1890—1950），出生于乌克兰的芭蕾舞舞蹈家，1919 年被送入精神病院。

③ 洛里奇（Nicholas Roerich，1874—1947），俄罗斯画家、作家、考古学家和神智学家。

毕加索为科克托画的画像

做出回应。

　　他几个月前还在嘲笑立体主义者，因为他对此一无所知，现在他看到了自己的差距。因为害怕自己在过时的篇章中老去，他订阅了《北方与南方》杂志，这本杂志刚刚推广了勒韦尔迪，它致力于塑造一种新的美学观，蒙马特的画家和蒙巴纳斯的诗人们的作品遍布其中。他给自己塞了太多甜食，为了在睡觉时做美梦，比如像斯特拉文斯基所建议的那样排演一出芭蕾舞剧。他在米西亚·塞尔特——这位俄罗斯芭蕾的保护者家里逼真地模仿着安娜·德·诺瓦伊。

　　1913年，这是立体主义风靡一时的年份。康定斯基在第一批抽象画上签上了自己的名字，而桑德拉尔发表了能让人听到火车轰鸣节奏的散文诗《西伯利亚铁路》。杜尚在纽约的军械库展览上展出了《下楼的裸女二号》，其立体-未来主义的手法完全不描绘出裸体，阿波利奈尔则在《醇酒集》中取消了标点符号，继而又宣布了句法的终结。"一切都在走向一场大的变动，正如还很年轻的小科克托感受到的那样"，画家雅克-埃米尔·布朗什一年前在日记中这样写道。最迷信的人将信函的抬头改成了1912＋1，因为13是个不吉利的数字。

　　战争让科克托开始相信：将自己的半胸像竖立在一个行将关闭的画廊里毫无意义。受爱国热的驱使，他希望加入战斗，但只获得了在巴黎的一个军营里的行政兵的位置。1915年他努力与毕加索取得联系，因为他相信这位大他八岁的兄长掌握着时代变化的秘钥。他开始给他寄昂贵的烟草，以各种不同的借口接近他，以取得他梦寐以求的会面。

这次在舍尔谢街工作室里的会面不太自然。为了显示自己的现代性，科克托表示自己并不喜欢装饰楼梯的、模仿帕台农神庙中楣的花纹，并质疑放在朝向蒙巴纳斯公墓的彩画玻璃窗前的黑人面具。工作室里堆积的数十幅画作证明有人正在这里努力地工作；但在这些乱七八糟的烟头和杂物、污迹斑斑的调色板和水粉颜料管、剪纸和打过卡的火车票中没有什么昭示着严谨的立体主义。在 1912 年第一个宣称立体主义已变成狗屎的毕加索开始玩别的东西——他对自己的发明创造感到疲倦。由于他对生活垃圾的热爱，出现在科克托面前的他与其说是画家，不如说是一位拾荒者之王。

他有着逗趣的黑眼睛和粗壮结实的身材，这个西班牙人盯着这个青年——他 36 岁，而科克托只有 24 岁。在巴黎蹲了 15 年之后，法语仍然不流利的毕加索平静地站着、手臂交叉，站在手足无措的科克托面前。他无情的目光让科克托低下了头，这目光打量着男人、脱光女人的衣服，这强烈的目光仿佛在拍击着他。"你是做什么的？"这位艺术家带着一种发明者的威严对闯入者这样询问道，仿佛后者行将忘却他的过去。连作为他们中间人的音乐家瓦莱兹也可以明显地感觉到这种尴尬。

科克托信任那些他想迷住的人，毕加索则是同等程度地不信任别人，他很少自我表达，更偏爱让别人去发掘——"他们在谈话，而我在工作"，他说。他在别人白费力气的时候去休息，然后再取得关键成绩。他能指望从这个令人厌烦的变节者那里得到什么好处呢？但另一方面，他已经感到那个人需要利用他到左岸来。如果科克托是一个说真话的骗子，那么毕加索就是那种一言不发，让大家去猜测的人。他设法让人们需要他，即便是在他也需要别人的时候。脱离供需常规的他似乎没有扮演任何角色，只是存在——"他比大多数人都显得更真实"，雷欧·斯泰因这样说道。他释放出如此巨大的能量，人们开始盘点他周围死于自杀的人——忧郁的三流画家或江郎才尽者——他既没为他们做什么，也没和他们作对。

科克托习惯于20世纪初巴黎的明星们中间流行的阿拉伯花纹和中国风，而毕加索是本能地拥有现代性所必需的野性的少数几个画家之一——这与普鲁斯特相反，科克托越来越不能忍受他令人疲倦的东拉西扯和攻击性的受虐狂性格。"他不是一场演说，他是公式。他弯下腰来雕刻。"他这样评价画家。但他自己也是如此敏捷和优秀，成功击垮了毕加索的保留。

他的思想不像马拉加人那样凝练，但是伴随着耀目的画面感，连毕加索也感到妒忌。他的滑稽故事以喜剧的方式照亮了大智者有时倾向于模糊的东西，而画家喜欢他把全世界的谣言带到画室里来。科克托在混揉概念上的灵巧比得上毕加索扭铁丝，一种才华上的平等建立起来：一个人的遣词造句是如此准确，以至于毕加索给他取了一个绰号叫"投枪斗牛士"，而毕加索则被称为"巴勃罗·毕加索王子"。

当科克托讲述他的秘事时，毕加索的眼睛里闪着笑意，他喜欢别人沐浴在他猛烈的阳光里。毕加索对作家送到门房的礼物和毫无保留的恭维很敏锐，他有以小见大的天才，他非常高兴地得知连美洲的杂志都在报道他的才华。他感觉到这不仅是一位能分析他的作品的批评家——科克托已经发现了安娜·德·诺阿耶脸上那只看起来像正面（实际上是侧面）的眼睛——而且是一个出色的推广者。

为了能好好工作，毕加索需要一间与世隔绝的工作室，需要一位女性支持他的生活，需要一位作家赞扬他的成就。就像自中世纪以来，那些英国君主旁边随时都有一位桂冠诗人陪伴、见证他们的统治。他希望别人来思考他的作品，因为他自己不是总有时间。此外，他更喜欢身边围绕着诗人而非画家，因为他认为他已不能向这些画家学到什么东西。在他年轻的伴侣艾娃去世后他孤身一人，在立体主义上与他形影不离的布拉克和他的特约批评家阿波利奈尔都入了伍，他需要一位赞美他的诗人，也需要一个智囊。而科克托似乎同时符合马克斯·雅各布和阿波利奈尔分别担当的这两个角色：他出口成章，如同毕加索眼到手到。

这位纯右岸的产物还有另一个优点：他超越了波希米亚社会的狭隘，而毕加索已经开始感觉到这个社会的局限性，以及它必然带着的醉意。受纯洁主义的牵绊，经常聚在圆顶咖啡馆的这些画家总认为失败才能证明他们的天才，科克托则代表着清新的、追求成功的风气。这个坦率的巴黎人以令人始料未及的灵巧参与了所有艺术形式——戏剧、芭蕾、音乐、时装。这开始说服毕加索，让他把这位规矩的射手当作他的桂冠诗人。

1915年秋天，科克托实施了一次突然袭击，当时他得知自己已被征召，将成为一名担架员。"快为我画一幅肖像，因为我可能会死去。"他以"给我的遗作画插图"为由写短笺给毕加索。他威胁他，如果收不到答复，他会恨他的，这没有用。直到科克托 12 月在比利时纽波尔特加入海军陆战团，毕加索仍然没有做任何事。这种死亡勒索似乎并不比战争更触动画家，他远远地观察着：和平主义是这位来自未卷入冲突的国家的人最理智的坚持。

前线使科克托开始变得现代化。他从此发现了非洲的天才，通过塞内加尔步枪手对他们的"格里格里斯"的盲目信仰、他们在废墟上跳舞的天分以及他用照相设备捕捉到的情色光晕。这场冲突让他相信形势正在恶化，必须完成某种转变，而毕加索是唯一能激发这种转变的人。画家是激进主义的保证，是未来的保证：加入他的工作就是与后世相逢。

科克托一等到回巴黎休假就故技重施，他在军用风衣下穿着小丑的服装，来到毕加索的画室。这对他来说是一种投诚，他说得好似他的服装是某种神奇的服装。而画家格列兹已经为他画了一幅穿军装的肖像，肖像中的他被分割成了小丑不同的侧面。他向善变的毕加索递出一面镜子，在画了一系列街头杂耍艺人十年后，毕加索又开始画立体主义的小丑。这种拼凑起来的衣服仿佛是对他们命运的一种寓言："您的小丑已经穿上/菱形格纹的立体主义"，他在《码头》中这样写道。

但是毕加索一点也不喜欢给人画肖像，他不喜欢被强迫。所以，他没有画可能已经描过几笔的科克托的画像，他简单地用一位无名小丑将它覆盖。他已经给了科克托三首诗的灵感：《毕加索的画》，重现了毕加索剪纸式的构图，混杂着很多物体——酒瓶、香烟、剪报；《舍尔谢街》描述了工作室内乱糟糟地摆放着吉他、小丑、啤酒瓶和茴香甜酒的场面；最后是《毕加索的"蓝衣女人"》，他想把他的画"译"成被印刷出来的文字。

但指责或施压都无法打破毕加索的平衡。人们认为他给雷欧的妹妹格特鲁德·斯泰因的画像并不太像本人。他则说，她很快就会像那画中人了——她会的。极不善于做奉献的毕加索天生就只会获取而不是给予，并且，他会付出一切努力来保护自己的作品。即便科克托在来往的便函中坚持用"你"来称呼他，毕加索还是用"您"来回答。

科克托掉入了动物学家常讲的"过度防御"的陷阱，当他展示那种有时会起反效果的动物的拟态行为——摆出很多诱饵来吸引捕猎者的注意，那反倒增强了捕猎者的进攻性。他没有泄气，重新上了前线。他决定开始写作后来的《好望角》，他在这首诗里完成了和先锋派的对话。他歌颂的不再是奥林匹斯山诸神——就如安娜·德·诺阿伊所做的那样，而是飞机、摩天大楼和飞艇。他写的东西令人激动："所有玫瑰都失去了脸颊/地毯上堆放着面具"，他在《短语》中这样写道。

在法国和比利时边境上的科克赛德，他受到他每天运送的死人数量的惊吓，1916 年春天他从前线返回，回到了香巴涅-波尔米尔街。毕加索迎接他的方式比前几次友好。他帮助他跨越了比比利时战壕人员更密集的边界——划分塞纳河左岸和右岸的边界线，并带他来到蒙巴纳斯的画室。这里的很多人都是外国人，他们认为自己与冲突无

关——祖国对于现代运动是个陌生的概念。他们只想像意
大利未来主义者那样从中汲取非人类的力量。

　　毕加索掠夺成性的名声加上科克托的语带保留，这使
得蒙巴纳斯人在向他们敞开画室之门前经常锁起自己的
最新发现。"他会偷学我画树的方法"，一个人说。"他会
抄走我放入画中的虹吸瓶"，另一个人抱怨道。两只狼走
进了艺术暖房，而这些布拉克、格里斯和毕加索自己的追
随者画着他们自己的东西。所有人都知道，毕加索如果能
和鸟合唱，也会生吞了它们。"如果有什么可偷的，我会
去偷它。"毕加索肯定地说。

　　立体主义或许已经打破了透视法、逼真性与丰富的色
彩，它追求的是最大胆的模仿，而"创造者"和"追随
者"之战很激烈。在蒙巴纳斯和蒙马特的"露天实验室"
里，艺术产权的概念显得尤为敏感。人们无耻地相互监
视，相互掠夺，认为某人的发现可能成为另一个人探索的
领域。"产权即盗窃。"普鲁东这样说道。

　　至少，基斯林这个蒙巴纳斯最无宗派观念的画家张开
双臂迎接了科克托。他画他打着领结的画像，打着绑腿的
画像，手乖巧地放在腿上；而莫迪利亚尼则用铅笔速写了
他的脸。5月1日，毕加索终于亲自为科克托画了一幅穿
制服的画像，面部轮廓忧郁而柔和，几乎模糊不清。这幅
画的画风类似安格尔，模特这样说——但并非如此——他
骄傲地向在圆顶咖啡馆圈子新认识的画家朋友和普鲁斯
特展示这幅画，普鲁斯特认为这幅肖像画让卡尔帕乔的人
物画也黯然失色，它是如此严谨而高贵。在加入了已囊括
马克斯·雅各布、阿波利奈尔、萨蒙等人画像的"画廊"

之后，科克托开始印制这幅画，来为自己的先锋运动开路。

一年以前他提交给斯特拉文斯基一个专门为佳吉列夫的俄罗斯芭蕾舞团而作的芭蕾项目。音乐家并没有动笔为这个"大卫"式的项目谱曲，他决定改写脚本，将它重新命名为"游行"，并敦促埃里克·萨蒂谱写音乐，然后建议毕加索来完成布景和服装的设计。《三首梨形曲》的作者和画《亚威农少女》的画家从未谱写过戏剧或为舞台工作过，对这些也没有特别的兴趣。先锋派认为佳吉列夫这样的舞团团长是个取悦富人的人，立体主义对舞台装饰艺术投了否决票——"画布景，这是桩罪"，科克托回忆。

而科克托很有信心。他有舞剧《蓝神》的经验，是他编写的脚本，他参与了俄罗斯芭蕾舞团的部分编舞，也参与了舞团的刻苦练习，他经常到场参加排练。他的新芭蕾舞剧的情节主要由街头小节目构成，类似在巴黎大街上的剧院外廊里演出的节目，一个中国的魔术师、杂技演员或美国舞女将街上的观众吸引到剧院里来。但是观众永远看不到原本宣布要演的那出戏，芭蕾表演就只简化为这游行，这是先锋派解构欲望的一次华丽转身。

萨蒂开始给一场音乐杂烩打草稿，其中中国旋律和拉格泰姆音乐并列。但是毕加索又一次延后了他的答复时间。俄罗斯芭蕾舞团演出的沙特莱剧院让人畏惧：这几乎是巴黎最顶尖的舞台。战争掏空了蒙巴纳斯，毕加索感觉得到那些地方并不会总是空着。他也是吃了不少苦才认识到俄罗斯芭蕾的受欢迎程度意味着什么。他确信，只有作品取得成功时艺术家才能绽放自己的光彩，他希望生前就功成名就，而不是像他的同行高更或梵高那样默默无闻、活得很悲惨。在 1916 年 8 月他终于答应了——这对立体主义而言是一次简单而纯粹的背叛。"毕加索变了"，科克托这样宣称。

一些人提醒科克托注意：画家在偷窃他的某些创意，但是好消息让科克托打消了这么小气的想法。毕加索又开始在信件里称他为"您"，在落款处写下"您的学生"，他认为毕加索需要借助他的经验来过渡到戏剧这一行。毕加索在艺术上的"右倾"与他在艺术上的"左倾"不是在走同一条路吗？

科克托想创作的不仅是一出芭蕾舞剧，而是糅合了绘画、舞蹈和滑稽剧的演出，还包含一种从民间舞会中散发出的激情。这个目标与毕加索喜欢杂耍、小丑和丑角的爱好相符。科克托借用了未来主义作曲家鲁索洛的创意，希望将机械噪音记录在乐谱上——火警铃声，船上的汽笛声，哨子声等等——这样就可以听见大城市的各种喧哗。他的编舞有更多的民间元素，不像尼金斯基那样简洁而严谨，与传统芭蕾相距甚远，如同毕加索与学院派的布格罗的画风之间的差距。他花费了数月时间来排练《游行》，同时思索着服装、布景、台词和潜台词，他称呼毕加索和萨蒂为"我的合伙人"。

在宵禁后空荡荡的巴黎，画家和音乐家在工作会议后的回家途中十分投缘。"毕加索太棒了，我印象深刻。"萨蒂说。萨蒂请他去喝咖啡，并用令人迷惑的音调说："我会在室内，像只家禽一样。"但是科克托寄托在人物身上的是一种诗意的忧郁——像巡回演出的马戏团那样。他的

《春之祭》中身穿瓦斯拉夫·尼金斯基设计的原版服装的舞者

　　计划不再和画家合拍，画家对一切悲伤的情感充满敌意，他想虐待这个故事，他要求将一些粗俗的经理人和一匹巨大的马带进组，以使他的人物成为扑克面具。

　　科克托用来赞美毕加索的热情能否用来说服他：科克托自己才是指导《游行》的最佳人选？根据合同，画家也担任导演一职，他重写了科克托的剧情提要，去掉了那些对白，摆脱了这种他自己长时间努力摆脱的象征主义。到那时为止都跟从着科克托的萨蒂突然变得挑剔起来。毕加索的创造激发了音乐家的狂妄自大，酗酒使他变得更为不可捉摸：已年过五十的他为何还要听从科克托的吩咐？这个来自右岸并迫不及待地投入先锋派的产物？

　　在这些个性都激烈偏执的人之间，斗争变得尖锐起来。如果不是毕加索决心让科克托屈服，可能一切会就此结束。由于必须接受画家带来的这些经理人们，剧本的原作者最终自我劝服道：这些人直接脱胎于他的《波托马克》，一本他准备发行的配有插画的幻想故事。他给他们创作的对话将换来乐池里的"替身们"一片诅咒。但毕加索坚决拒绝任何对白，科克托又一次妥协：这三个临时招募来的人不得不在音乐暂停的时间吆喝汤块的广告语。

萨蒂为机械噪声而纠结，科克托意欲将这些声音引入乐谱中，并要求取消吆喝，这让剧本的作者愤怒。在一次工作会议中，他指着毕加索说，"我是在跟随着您！您是我的主人！"——一位不热爱音乐的主人。这次科克托被激怒了。他拒绝放弃一个他为之付出了一切的项目，他比所有这些合作者联合起来还要强硬——在这一点上他更现代一些。最终他决定删除飞机轰鸣声、海象的叫声，但顽固地拒绝让他安排的那些绕口令们被一些短暂的寂静围绕。毕加索也做了相应的放弃，他最终让萨蒂取消了对白和吆喝。

佳吉列夫在 1916 年末决定把这群人聚集在意大利，俄罗斯芭蕾计划在那里上演：毕加索可以搭建布景，而科克托可以跟随年轻的马辛排练、编舞。萨蒂拒绝了邀请，但是从不离开工作室的毕加索高兴地接受了。他和科克托一起向格特鲁德·斯泰因宣称他俩将开始蜜月旅行，他准备好了行李——这时已是 1917 年 2 月。

蒙巴纳斯人愤怒地看到毕加索跟着科克托来到罗马帝国的幽灵之都，这座属于过去的纪念碑，他们高叫着背叛。"立体主义的法律禁止任何不在神甫广场到拉斯巴耶大街之间的旅行"，科克托这样写道。毕加索对这些嗤之以鼻，他满不在乎地走了。

罗马的《游行》

罗马的魔力一下子就打动了毕加索。游览废墟让总是在窥伺的动物放松，也让无所事事的画家放松。在可以看得到波波洛广场的俄罗斯酒店的两个相邻的房间里，科克托和毕加索只要伸手就能采摘血橙树上的橙子。停放在科索一个宫殿的佳吉列夫的汽车可以带他们环游城市，而毕加索的西班牙语足以让人明白他们的意思。"我们住在天堂里"，1917年2月20日，科克托对他母亲这样写道。

希腊咖啡馆的未来主义者们对他们热情的接待让他们志气勃勃，尤其是在蒙巴纳斯人对他们表示轻蔑之后。和他一样为超越先锋派而工作的、天真的德佩罗向他敞开了工作室的门，给他看自己刚为俄罗斯芭蕾舞团设计的合成服装。在这些变化的服装和护胸甲前，毕加索决定让他的美国和法国经理们未来主义化。他用三维构图覆盖这些身体前后挂着广告牌的人，给他们穿上摩天大楼和混凝纸做的燕尾服——是德佩罗根据马里内蒂的精神所制造的，作为未来主义的召集人，毕加索要求他的"朗诵者"们拿出红灯一般的不近人情。他同时在给中国魔术师和美国小女人的服装画速写，在佳吉列夫通过玛格丽塔给他租到的画室里，而科克托则在和马辛一起编排经理们的动作，在舞蹈演员们用作排练室的咖啡馆的地下室里。

当他们在这座"永恒之城"里探险，毕加索总会带回一些废墟的残片和金属片。这些物件"不由自主地"跟随着他，科克托在笔记中这样写道，他说画家像在工作室的地板上生了根。他自豪于能在画家身边工作，他狂喜于看到他不断地雕刻、画炭画和水墨画、雕塑、拼贴、刻木版画。年幼时用小墨盒在同学作业本上涂抹的天才又一次被激发出来。由一张面孔，毕加索可以画出堪与安格尔的肖像媲美的图形，而他们的工作室窗外就是安格尔作画时所在的梅迪奇城堡的剪影。他也可能突发灵感，画一个做着鬼脸的面具，或一个立体-未来主义的剖面——他既是漫画家又是雕塑家。天才喷涌而出，"就像水从莲蓬头里蹦出来"，科克托这样赞叹。

两人趁短暂的休息开始画美第奇城堡。毕加索画了三张卓越的习作：一张是新古典主义的，一张是点彩画法的，最后一张几乎是抽象的画法，科克托则负责画一张立体主义的版本。画家给他画了两幅"小酒馆"风格的夸张肖像，科克托也画了抽烟斗的毕加索，由侧面可以看到他投出的黑色目光——这幅肖像也会有它的立体主义版本。"文艺复兴工作室"的每个新成员都有自己的专长：一个画山，另一个画面孔，第三个画建筑，两人都同时担当着几个创作者的角色。科克托不会为将他们进行比较而不好意思：他们在画线条时似乎有同样的灵巧，知道应在哪儿结束。难道他不认为自己的画是一连串有始有终的笔迹，而毕加索也将自己的画法和笔迹学家研究的笔迹①联系在一起？

科克托的周旋技术很有帮助，他们接受了圣马蒂诺王子和卡萨帝侯爵夫人的邀请，宴请过时的繁华或许让洗濯船②上的波希米亚人惊叹不已。从这些豪奢的罗马式宴请上离开之后，毕加索开始查看那些价格很吸引人的、大门紧闭的房子。当然这是在他不急于回应佳吉列夫的舞女们强烈的好奇的时候。有时候他早晨也会去博物馆逛逛，其中一个博物馆贴着布告，展出公众完全不熟悉的"黑非洲"雕塑。从马古塔大街③回来之后，他恢复了他全神贯注的才能，这是他的天赋所在。

一个月以后，科克托在一些像是毕加索作品的草图上签了名。但他知道，仅仅去模仿是不够的，还必须从内部抓住一个创作者如此去画的过程——"如果你想画一棵树，成为这棵树"，马蒂斯曾这样说过。但是毕加索如此迅速地更改着他作画的媒介与风格，以至于在这期间所有创造性的渗透都是微妙的。他也是一个杰出的漫画家——一张明信片上的看门狗被用三笔改画成了奇妙的、戴单片眼镜的佳吉列夫——毕加索总是在用夸张手法，科克托有时比他更敏锐，但不如他高产。

他等待着被参观，从他抛弃了象征主义的配方之后，

---

① 毕加索曾说过，"如果我是一个中国人，我会以写作画"。——原注
② 洗濯船（Bateau-Lavoir）是指蒙马特区拉维尼昂 13 街的肮脏建筑物，在 19 与 20 世纪的世纪之交曾有一批出色的艺术家在此生活，最著名的就是毕加索，他 1904 至 1909 年在此居住。1914 年后这些艺术家大部分都去了蒙帕纳斯。
③ 马古塔大街（Via Margutta）是电影《罗马假日》的取景点。

他有时像失去了生命一样，就像一套僧侣留下的衣钵：太阳一年只允许这株玫瑰开几次。马拉加人罕见的工作劲头使他就像一个拾穗者，将所捡来的东西都变成了稻草床、苜蓿汤和麦芽酒；无论是刮风还是下雨，这台工作机器都在全力运转。作为纪律的楷模，毕加索不加埋怨地勇往直前，尽管有时也抱有疑虑。只有在同一座城市花了四年时间画西斯廷教堂天顶的米开朗琪罗——额前竖着蜡烛——可与之媲美……

　　毕加索的主意比所有人都多，但不一定觉得这些主意适合公布，科克托说。他更喜欢以高级手艺人的方式推进，而不是自称艺术家。他不去分析事物是怎样诞生的，而更喜欢赋予它们生命——"我没有全说出来，但我全画下来了"，他说。他越是认为解释无用，越是尝试用他的眼和手抓住物体所经历的变形。"像所有伟大的事物一样，毕加索的情况十分自然。人们不会去加上一段碍事的文本……他是画家中最不具有文字性的。"——科克托这样在笔记中写道，但他自己却在不停地这样做。面孔、乳房、角、曲线，所有这些在毕加索看来都非常清晰，而他的手指则以自己的方式重新组合这些形状，让它们几乎有些失色——他的颜料色卡远没有马蒂斯或勃纳尔①那样丰富，几幅杰出的例外。象征主义的任何神秘都逃不过他的这种现代感。

　　对普鲁斯特在巴黎专门让他阅读的一些《追忆逝水年

---

　　① 勃纳尔（Pierre Bonnard，1867—1947），法国画家，对色彩有着细腻、敏锐的感受力，有"色彩魔术师"的美誉。

华》的零散片段，科克托留下的印象是作者富有天才，他在其中感到了一种更高的秩序。总结这套秩序的规则很困难，这些规则不断地被作者本人质疑。毕加索要求这种不连续，他不想"创作作品"，出于一种自我矛盾精神，他不完成他的画作——总而言之，他对结果从未满意过。在从每个人那里都得到一点灵感之后，在经历了蒙马特面包屑的灾难性的初次洗礼之后，从在皮维·德·夏凡纳①之下到近于高更，从类似于凡·东根②到仿冒马蒂斯，毕加索掠夺性的如饥似渴前所未有地表现出来。

他能记住所有他过目的画的细节，也可以将它们全部忘记，来孕育新意。"画家是什么？"他在不知羞耻的面具下这样说道："是一个收藏家，自己画出他喜欢的别人的画。"科克托相比而言倒像是一个有罪的手艺人：他不断重复地借鉴、他的多变令人疲倦。毕加索是另一只变色龙，但有着鳄鱼的嘴。

还在数个季度之前，画家赌咒说他是在看到"黑非洲"雕塑之前创作了《亚威农少女》，但是先锋派的抢先情结已经在他身上消减了：成为第一个并不如成为最好的那么重要。毕加索甚至不再解释他的转变，也不再征求他所掠夺的大师们的同意。他确信自己有权利，他一使用过便即刻远离，甚至在二十年后忘了当初的偷盗，又将它们再利用，这些东西已经成为他的财产。"如果我们找到宝藏，只要不是在我们自己的作品里，我们就应该把它当场

① 皮维·德·夏凡纳（Pierre Puvis de Chavannes，1824—1898），19 世纪法国画家，曾任美术协会主席。

② 凡·东根（Kees Van Donngen，1877—1968），荷兰野兽派画家。

拿走。"这个魔鬼这样说。毕加索掠夺了一切，但他仍是他自己。

　　布拉克带给了他手艺人家族的知识（他们制作刷子、刀子和剪刀），他们的相处如此融洽，以至于能在画布上署名"毕加布拉克"或"布拉加索"，在和布拉克并肩画了两年画之后，他离开了几乎已经毫无生气的他。他不是在借鉴，他是在将人清除。（"他可不是吃草的狮子"，德兰·德·弗拉明克这样说道。）毕加索自己也承认："好的艺术家复制，伟大的艺术家偷盗。"科克托也偷盗，但他继续尊敬被盗者——每天都少一些热情，实话说。受瓦格纳对"完整艺术"的梦想的影响，他向所有学科借鉴，但是留给那些给他灵感的人抗议的机会。"天才掐死那些被他掠夺的人"，里瓦罗尔这样肯定地说。科克托不像毕加索那样杀死他的猎物，而是将猎物包裹在丝结中。人们由此会怀疑他的独创性，但那些指责他剽窃的人里没有一个有他的才华。他比毕加索或斯特拉文斯基更多变，这块旋律的海绵开始模仿里姆斯基–科萨科夫，然后是柴可夫斯基、佩尔戈莱西或亨德尔——"如果我听到的音乐使我感兴趣，或让我喜欢，我就想使它马上成为自己的"他喜欢这样说。科克托在《生存的困难》中这样写道："在对自我的拒绝上，斯特拉文斯基超过了我们所有人。"

　　一边是画家，他把他的批评者甩在身后、让他的敌人气喘吁吁——"比美跑得更快的男人"，科克托在1919年献给他的《赞歌》中这样称呼他。另一边是经常出现故障和危机的作家，他给他的诋毁者们留出了做总结的机会，而毕加索常常幸免于此。

也许科克托已经为他的"大卫"设计好了服装，但他还有需要向毕加索学习的东西，他卓越的技术受限于铅笔和剪刀。他的天分可以延展到绘画吗？他这样问自己。当雅克-埃米尔·布朗什六年前看到他用几乎令人透不过气来的灵气为一幅油画打稿时，毕加索似乎还有些质疑。自此之后，科克托就在他的画架前感到怯场。他可能会将其称为一种相互滋养：在这次奇妙的罗马洗礼中，他永远也不会想为一幅"毕加托"画作签名。

画家不仅向科克托展示出他对他人的需要的影响之规模，也向他暗示了他的局限。作为少数勃发而脆弱的天才，作家希望内化这位像磁铁一样吸引他的人物，来使他的蜕变合法化；但是毕加索保持着距离。科克托怀着希望靠近他心中的火，暗暗地希望能理解这位创造者是如何将自己体现在他的一切造物中的，即使当他的深刻仅限于姿态时。但如何与一个不停地变化而从不做预告的人相比？这样说来，那人没有自己的风格。科克托或许已经证明：他几乎能变成任何样子，但他还是无法完全做到。

他总是知道如何超越他投靠的榜样。"他比他模仿的那些人更具才华，他到处拿起别人的财产，他杰出的记忆力正与他惊人的忘却力相匹敌。"1920年的《新法兰西评论》上这样写道。安娜·德·诺阿伊给他的印象可能比生命更强烈，她的美学却很容易被"撬窃"；毕加索的美学在他看来更难以捉摸。在所有科克托借以汲取力量、勇气和声名的男性图腾中，毕加索是最能抵抗他的。

这个结合之梦当然有情色的元素。它由科克托潜在的欲望产生，这愿望倾向于长期的、存在上的合并，而不是一种猛烈的结合。这些愿望远不是要去拥抱毕加索，而是要去赞美他。在因立体主义而共生的时期，毕加索声称"布拉克是我的女人"，而他对前两位桂冠诗人，马克斯·雅各布和阿波利奈尔也是如此（对待阿波利奈尔是更具包容性的），在这方面他喜欢显示自己的权力。超级男性知道如何靠男人们的欲望来养育自己。

科克托越是分析毕加索创作的机制，就越是自我怀疑。画家轻松自如地将他的经理人们强加在他身上，隐秘的羞愧逆转了他的狂妄自大。他不再觉得自己具有神性，而是具有人性，有他的危机和束缚，他将他不再敢加之于自身的称赞献给毕加索。马拉加人成了他五年以前自认的那个造物主，更乡间也更下流，一个让男人、女人和野兽都如痴似醉的俄耳甫斯和一个欲望旺盛的林神。

他们一起生活还没到一个月，科克托就写信给他母亲说："我崇拜他，我感到自己恶心。"因为毕加索每天都在不懈地工作，他简直就是高贵廉洁、勤奋朴实的榜样。科克托越是看到在塞尚之后提出"有胆量的绘画"的画家的工作，越是相信他的创作元气源于他超级活跃的力比多。他开始嫉妒毕加索对佳吉列夫的女演员们的诱惑力，尤其嫉妒奥尔加·霍赫洛娃，在明确地对毕加索表示冷淡之后，她每晚都锁上她旅馆房间的门……

受到如此多的能量的刺激，科克托找到了最初对音乐厅明星们的欲望——据说使他失去童贞的是密斯丹格苔①。他接近在他们的《游行》中扮演美国小女孩的俄罗

————————

①　密斯丹格苔（Mistinguett，1875—1956），法国著名演员。

斯舞女，17岁的孩子一样的女人，既活泼又调皮。在指导了玛丽亚·查布尔斯卡（她也让毕加索不知所措）的编舞进展之后，晚上，科克托在密涅瓦酒店房间里找到了她，带她到罗马广场周围散步——"她的房间乱得就好像刚被打劫过"，他在笔记中这样写道。在一条小路的拐角，他在小本子上画出了舞蹈演员长着长睫毛的淘气面孔，然后又加上自己的身影，这样就成了连环画开篇处的体面的一对儿。

他希望扭曲自己的性向来靠近毕加索吗？他希望结束他的上流社会时期来完成转变吗？如果说变得现代就意味着变得粗鲁，对马拉加人的色情的内化带给他蒙帕纳斯人认为他所缺乏的力量：哪怕只是部分地成为异性恋也有助于他完全当代化。毕加索鼓励他这样做，他本人喜欢找朋友们的那些情人，并将那些最"轻浮的"人变为确定无疑的异性恋者。

当两人在密涅瓦酒店下榻时，毕加索向格特鲁德·斯坦因宣布的蜜月之旅出现了转折，夜晚，他穿着睡衣走上走廊。"我和一个俄罗斯舞蹈演员睡觉，而毕加索和一位认为他是音乐厅里'喝倒彩者'的夫人睡"，科克托在写给阿波利奈尔的信中骄傲地宣称。

小玛丽亚·查布尔斯卡感到科克托的追求很有趣，这使得他变成了一位面目更加模糊的男性，原因与其说是科克托自己的女性化，不如说是毕加索的男性化。她并没有被逢场作戏所骗，五十年后，当她在画家的画室里（画家并不在场）回忆起科克托揉着床单的一幕，她确定地说："毕加索和别人一起嘲笑这种向他致敬的方式。"科克托也在信件里语调轻快地提及了这来源于马拉加人能量的爱情四重奏。

三月初，斯特拉文斯基的到来使他们的兴奋达到了顶点。科克托忙于让这两位素不相识的艺术家见面，他的创作欲望更是倍增。而当我们努力把天才们凑在一起时，往往不会发生什么重要的事情，比如当普鲁斯特、乔伊斯、斯特拉文斯基和毕加索在罗马杰思阁大酒店碰面时，风就那样在他们中间穿过。这几位创作者在他们的父辈那儿学会了用透视法绘画或用旋律作曲，科克托在他们身上看到了自己，他们还没有确立自己的位置，但掀起了现代主义的龙卷风。

佳吉列夫决定带这个不抱什么希望的三人组合到那不勒斯旅行。科克托和毕加索对这个阿拉伯式的蒙马特感到着迷。科克托在看到献给圣母和圣人的祭坛后惊叹道：古代在全新地攒动。在被圣皮埃尔的军队打败二十个世纪以后，奥林匹斯诸神继续统治着这迷信又肮脏的港口，在这里人们喜欢背誓私通，并快乐地崇拜死亡。那不勒斯民众狂欢节式的快乐使毕加索和斯特拉文斯基走上了普钦内拉之路①。科克托和毕加索来到水手们的小巷，透过妓院的门缝能看见被金色留声机围绕着的圣女们。他们在国家博物馆的密室②前停下脚步，来自被维苏威火山破坏的、罗马房子里的各色色情狂给了他俩画速写的灵感——很难分出他俩的画法。

---

① 普钦内拉（Pulcinenna），意大利假面喜剧中的驼背丑角。
② 指庞贝情色密室，展示了庞贝人的生活里私密的性爱领域。

　　斯特拉文斯基走后，这两个男人又参观了赫库兰尼姆①和庞贝古城。画家爬到廊柱顶来看整片废墟，照片被科克托拍了下来。这些以竖起的大理石雕刻为标志的十字路口的妓院，这些战车的轮轴雕砌的路面……科克托找到了像流亡者找到了家那样激动而熟悉的感觉。"我在家很规矩，"他对母亲写道，"我等了千年，不敢来看这些可怜的废墟。"这种震惊促使他一到了巴黎就宣布"回归正轨"，也促成了毕加索"新古典主义"的转向。

　　1917年春天，科克托在消失了近两个月之后又独自出发了。他带着毕加索给他画的新肖像，是一幅坐着的侧影，在画中他有尊严地挺直身体，像一个手执束棒的古罗马侍从官。毕加索和斯特拉文斯基为他们在拉丁天堂的共同发现所打动，陪他到了特米尼火车站。他以这些诗句向他们致别：

　　　　我从车厢探出头来

　　　　巴勃罗、伊戈尔

　　　　你们的双手在我掌心

　　　　你们留在了罗马

　　　　和我一起

　　他在《好望角》中这样写道："没有谁/比伊戈尔的赋格更好/比毕加索的解剖学更好/比我的算术更好/十四行

_____
　　①　赫库兰尼姆（Herculanum），意大利维苏威火山西麓的古城，公元79年与庞贝城一起被维苏威火山爆发产生的岩浆所淹没。

诗"。这是在说他是三位一体的奠基人中的第三位，他把自己放在现代主义运动领导者的位置上。

回到巴黎后，科克托给"巴布力西莫"写信说为玛丽亚·查布尔斯卡的缄默感到惋惜："我想她，夜里会梦见她。"但他也抱怨说找不到平衡，而他的朋友恰巧有这种平衡，"我为此对你怀有温柔的爱意"，他补充说道。他为毕加索疏远了他而投入奥尔加的怀抱而着急，因此在1917年6月5日补充说："不要太多地拒绝我"，尽管他自己也疏远了小查布尔斯卡而去别处寻找满足——蝶蛹只能产出一只异性恋的蝴蝶。"1917年在罗马，我只钟情于自己的合作人。"他后来这样承认道。

重回沙龙之路以后，科克托不厌其烦地对身边人讲他们在罗马的战绩和毕加索的奇迹。"他是有周期的"，雅克-埃米尔·布朗什对保罗·莫朗耳语道，"他是循环性的。我知道，六年前，是安娜·德·诺阿伊阶段；让和我们说了很多，虽然我们都很爱安娜，但都不想再听到她的名字了！现在，是毕加索阶段。"对于总是听他卖弄他"带坏的"画家，先锋派们厌烦了，重又开始抵制这个闯入者，而他原来的那些右岸的支持者也疲倦了。"他需要讨好所有人，同时讨好毕加索、谢维涅夫人和海军陆战队士兵。"俄罗斯芭蕾舞团的教母米西亚·塞尔特这样发脾气说。

在出发前往意大利之前，科克托曾寻求过阿波利奈尔的保护，写作《醇酒集》的诗人担心看到他在自己出生的土地上捕猎，同时也嫉妒毕加索对他的友情，对他的接近保持缄默。画家主动的周旋使他改变了态度，这位《新精神》杂志的诗人，他头部受的伤使他披上了新的光环。科克托对电影——尤其是《幽灵》这部电影的迷恋，最后让他感动："他比我想象中更友善和无邪。"他对毕加索坦言。他俩帮助毕加索搬到蒙特鲁日的新工作室里。

还是有某种嫉妒在持续着。阿波利奈尔很崇拜毕加索，在立体主义冒险期间不停地赞美他的天才，他将毕加索描述为无聊的杀手、劫掠弱者的海盗和高级的交通捣蛋鬼，在十二年的友谊中他提交给毕加索的计划没有一个被接受：他当然有理由对《游行》这个项目感到嫉妒和不安，这个项目毕加索毫不迟疑地就参与了。

自从 1907 年卢浮宫的伊比利亚小雕塑失窃之后，他俩之间的关系不再像从前那样。因为保护博物馆的安保措施薄弱，当时和阿波利奈尔交好的一个骗子冒险家格里·皮耶雷特说他可以给他带些"礼物"来。诗人把礼物给毕加索看，画家抓住机会近距离观赏了博物馆的伊比利亚雕塑，古代腓尼基的杰作让他魂牵梦萦。皮耶雷特重又从卢浮宫拿出来两尊雕塑，一男一女，画家花了五十几法郎买了下来，其中的几何形状促成了《亚威农少女》的构思。

四年后，当《蒙娜丽莎》的被盗引起轩然大波时，人们才发现这些雕塑也被盗了。借助声势，骗子给报纸写信谎称他才是达·芬奇名作的新主人，要求他们支付一笔赎金。皮耶雷特借此机会宣布了他过去的行为，并隐约提到阿波利奈尔，阿波利奈尔心急如焚地想逃到国外去，在一个夜晚和毕加索一起沿塞纳河北上之后，寻思如何找到一个合适的地方来摆脱这些被盗的物品。两个人终于决定绝密地把这些雕塑交给一家巴黎的报纸，由他们来还给卢

1911 年，不翼而飞的《蒙娜丽莎》

浮宫。

阿波利奈尔因为盗窃和窝藏赃物被送进了精神病院。《堕落的魔法师》的作者[①]在那儿承认，无论如何，是他窝藏了这些皮耶雷特隐瞒了来历的雕塑，又把它们交给了毕加索。后来他们发现了这些雕塑来自何处，他曾经尝试说服画家把它们还给博物馆，但是西班牙人拒绝了，理由是他已经拆解了这些雕塑来将伊比利亚人赋予它们的魔力据为己有。这只是阿波利奈尔众多版本的解释中的一个，毕加索的画商卡恩韦勒强调说这与事实有出入。

轮到毕加索被传讯了。他和阿波利奈尔一样，害怕被作为外国人驱逐，在被审讯的当天清晨，他全身发抖，当时的伴侣只好替他穿衣服。"他害怕得失去了理智"，费尔南德·奥利弗在《回忆录》中这样写道——这样的反应造成他们关系过早的破裂，画家忍受不了自己在她面前显得如此懦弱……

此时阿波利奈尔已经被捕两天，戴着手铐在审讯现场听证，毕加索开始否认他获得了这些被盗的雕塑，甚至否认他认识诗人，最后又改口。蒙马特圈子里的人将他的否认比作圣彼得不认基督，这使他逃脱了牢狱之灾。皮耶雷特被判了十年，阿波利奈尔在被关押了一周之后被释放出来。毕加索安慰自己说这些头像最早是被法国考古学家盗得的，他们把从西班牙的土地上抢来的东西卖给了卢浮宫。而卢浮宫四年以来竟没有发现这些头像已失窃[②]。

---

① 即阿波利奈尔。

② 就如同约翰·理查森那狡黠的说法。头像后来被归还给了西班牙，被陈列于马德里国家考古博物馆。——原注

两人深受这件事的影响，报刊指责他俩是一个来法国打劫的外国团伙的成员。这促成了 1914 年阿波利奈尔的参军行为，他成了一个真正的法国人，而且洗白了。这件事使两人的默契蒙上了阴影，但并没有破坏两人之间的联盟，毕加索仍然依恋他的桂冠诗人，而阿波利奈尔希望保持现代运动先驱的地位。幸亏有毕加索的帮助，科克托才使阿波利奈尔同意为《游行》撰写序言。

1917 年 5 月 18 日，芭蕾舞剧在巴黎的首演并不成功：左派艺术家质疑科克托机会主义的欺诈行为，右派则认为萨蒂在胡闹，而毕加索的灵魂是该死的立体主义的，他甚至是个骗子。很少有批评家了解毕加索的工作，他拒绝在沙龙展出自己的画作，只是通过卡恩韦勒在国外销售。这个卡恩韦勒是德国犹太人，这是另外一个敏感的细节。另外一个抱怨则针对俄罗斯芭蕾舞团在《游行》首演一周之前，在《火鸟》首演时让一个"农民"挥舞着一面苏联的红旗。尼维尔攻势引起的惨重伤亡——十四万法国士兵或受伤或阵亡——激起了观众们的爱国情绪，他们在剧院的座椅离前线只有两百公里之遥。

由街头杂耍艺人、小丑和猴子拉开的毕加索的序幕让这些观众放心——他们呼应了他粉红时期的小丑形象。但这有点老派的自然主义也让画家狂热的支持者们迷惑——故意的怀古，巴克斯特[①]这样评价道。至于美国经理，他们一边炫耀着牛仔裤和肩膀上高三米的摩天大楼，

①　巴克斯特（Léon Bakst, 1866—1924），法国芭蕾服装设计师，是一个地位特殊的艺术家，被认为是有着关键性影响力的人物。

一边开着火枪，集结了一批反对他的恐美者和十年以来奉
毕加索为神的德国-犹太立体主义的敌人。

马辛的编舞也没有得到优待。这是第一次，在一场演
出中，有多少演员就有多少装饰元素，一切都在台上运
动，而这种喧嚣被认为和一战中法国士兵所忍受的悲惨不
相称。人们对这些自称是在进行艺术革命的小丑们报以嘘
声，香槟省被炮火轰炸得一片狼藉，人们是否会联想到，
这些"捣蛋鬼"是些穿白衣躲藏着以逃避投入战斗的逃
兵？科克托为了让玛丽亚·查布尔斯卡重返舞台而安排的
四台安德伍德打字机的联奏"音乐"引起了观众的一片嘘
声，这让俄罗斯姑娘早早离开舞台，满含泪水地躲入幕
后。经理人的最后一支机械舞蹈和无头无尾的噪音一样被
认为粗俗而奇特——雾角、消防警车声——"老顽童萨蒂
居然让这些成为音乐？"只有上帝才知道他花费了多大工
夫来试图从乐谱上删除这些声音。

毕加索和科克托达成了一致意见：《游行》一钱不值。
这种显然的不羁，放在这个很多家庭为自己的儿子悲号的
时代，是一种货真价实的背叛。"法国艺术，就是这些？"
一个女人在后台发怒了。"是这些"，阿波利奈尔微笑着回
答她。媒体先是抱怨剧本作者的胡闹和毕加索的"毕加索
化"，然后开始猛烈攻击萨蒂的滑稽、疯癫和不和谐。还
不如一个塞内加尔鼓手——这也是科克托将这些怪异的
噪音强加于他时他的困惑——《干枯的胚胎》的作者[1]在
发现一篇评论文章后勃然大怒，这位评论家在他的处女作

————————

① 即萨蒂。

问世时曾对他表示祝贺，但这一次却宣称这种音乐是对法国品位的侮辱。他公开写信给这位同时也是位作曲家的拙劣评论者："我敢说，您在放屁！没有配乐的狗屁！"萨蒂这样攻击他，他是在暗指派托曼的"音乐"①，此后，他还在一张寄自枫丹白露的明信片上这样写道："丑陋的狗屁，我在这儿使出浑身解数诅咒你！"他因此被判诽谤罪，坐了八天牢，后来也进了精神病院。

这次毕加索又完美脱身。丑闻使大众知道了他的名字，芭蕾舞剧院纷纷向他敞开大门。保罗·吉约姆甚至在展览时将他的作品放在马蒂斯作品旁边，受关注度飙升的毕加索和洗濯船上那些可怜虫彻底决裂，他要尽可能多地搞钱。他的立体主义灵感尚未完全枯竭时，重新审视过去的渴望平衡了他抹杀过去的需求，他开始颂扬地中海和古代的异教清规。他强调他有同时使用不同美学的权利——无论他的灵感来自拉斯科、多贡人还是安格尔，他都肯定地说这些灵感和相继使用这些美学的画家同时代。他不再自比为基督而是狄奥尼索斯，酒神与性神——又一次坠入使先锋艺术勃发的神话象征，他为此自嘲。在三十七岁时，他几乎成了杰出画家：这迟来却耀目的成功。

"外表像个拙劣的蒙马特画师的他是一个擅于利用别人的人"，雅克-埃米尔·布朗什这样在笔记中写道。"他利用了科克托。"在承认他对演出的帮助的同时，科克托指责他和他那几个没教养的、粗俗喧嚣的经理人夺取了他

---

① 约瑟夫·普耶尔，艺名派托曼，是一名法国知名放屁师。他拥有卓越的腹肌操控能力，能随意用直肠吸入和吐出空气，以"肠风"制造各式各样的声音。

毕加索绘制的这幅《芭蕾舞"游行"的帷幕》展示了毕加索为《游行》所设计的神奇布景

的好处，他同样指责萨蒂擅自取消了一些他要求放在里面的噪音；他希望看到剧场的幕布上出现他俩的名字，如同电影的片头那样，而毕加索则在这"天真"的幕布上塞满了他自己的寓意画。科克托在《公鸡与小丑》里这样承认道："我们的《游行》与我所希望的相距甚远"，"我永远不会在剧院观赏它"。

　　在后台遇见科克托的纪德发现他老了，精神紧张、神情痛苦，纪德在日记中记录了他的失落："他知道布景和服装都是毕加索设计的，而音乐是萨蒂谱写的，但他怀疑毕加索与萨蒂和他不是一路人。"莫里斯·马丁·杜加尔在《难忘》中这样肯定道："他把天才们集合起来……在他朋友们的作为中他看见了自己，他为他们而活，活在他自认为特别的那些事中。"他自此怀疑他的合作者们洗劫了他……

　　科克托后来发现，对《游行》至少没有什么可抱怨的。斯特拉文斯基一再表扬这部剧，而且它还终于征服了佳吉列夫，他曾在《蓝色神像》失败后对科克托说："给我惊喜吧！"先锋派对他降低了音高，尽管他们坚持认为他是一个牛皮大王。著名的杂志《北方-南方》向这位"反诗人"敞开了门，而几个月前勒韦迪还在攻击他。他的诗歌在一场被题献给他的芭蕾舞剧的音乐会上和阿波利奈尔、雅各布和桑德拉尔斯的诗歌一起被朗诵。

　　一个更现代而不粗鲁的科克托诞生了。分娩的阵痛是剧烈的，但"新生儿"很高兴成功地将毕加索、萨蒂和阿波利奈尔集结在一起，而阿波利奈尔在介绍《游行》时首次使用了超现实主义一词：这对这纯右岸的产物而言是一个荣耀，他在四年前对他们的作品还一无所知。科克托成功地完成了蜕变：一个年轻、咄咄逼人而激进的时期开始了。

公爵夫人时代

1918 年夏天，毕加索和奥尔加·霍赫洛娃的婚礼在达鲁街的俄罗斯教堂依照隆重的东正教仪式举行，这标志着他和科克托的友谊达到了顶峰。前蒙马特画家和俄罗斯白人军官——一位她试图让人认为是将军的中校——的女儿的结合有其神圣的一面：漂流着的女人因为她"真正的女孩子的模样"而被选择，画家最终爱上了罗马"带来的"舞女，好像《鲍里斯·戈都诺夫》再次上演，而科克托作为奥尔加的证婚人，则将"皇冠"戴在她的头上——金皇冠是一个象征，因为这是在冬宫被布尔什维克占领后不久。

在经历了两次求婚被拒之后，毕加索狂喜不已。作家也是这样。作为毕加索和奥尔加的介绍人，科克托、马克斯·雅各布与阿波利奈尔并肩站在一起，后两位是新郎的证婚人。对左岸发起攻击的机会主义诗人从此成了巴黎先锋派大佬们的密友。战争仍然在东部肆虐，而他占据了一个有利的位置，来等待战后的和平必然催生的艺术界的复兴——这对大多数战前的明星而言是致命的。雅克-埃米尔·布朗什指责毕加索在《游行》中利用了科克托，但当科克托看到东正教神父为这对新人祝福时，他有理由确信

毕加索和奥尔加，1919 年

布朗什是在无端地指责。

在科克托介绍的富有的智利女人欧恒尼亚·埃拉苏里斯在比亚里茨的豪华别墅里，毕加索和奥尔加度过了蜜月。"我很喜欢你母亲，她很像你。"偶遇科克托母亲的画家对他写道——这种倾慕是相互的。在将这个智利女人的浴室铺满壁画之后，毕加索回到巴黎和奥尔加一起在波艾蒂街的一套跃层公寓安置下来，离科克托和母亲居住的安茹街仅有几步之遥，而保罗·罗森伯格[1]刚刚签下了他们楼下的画廊。毕加索装备齐全、行囊满满地来到了右岸的马德兰街区，这是投机商和公证人的街区、商业律师和靠年金生活的食利者的街区——这是个极大的与科克托相反的转变。没错，蒙巴纳斯人早就预言过他们在罗马的逗

① 保罗·罗森伯格（Paul Rosenberg, 1881—1959），艺术商人，画廊经营者。

留将使画家转型。

1918 年 9 月 8 日，德国第二帝国的末代皇帝威廉二世退位的这一天，阿波利奈尔由于感染了西班牙流感而在病床上奄奄一息，这次流感夺走了世界上两千五百万人的生命，比在大战中死去的人还要多……毕加索和马克斯·雅各布到安茹街请求科克托派他的医生去濒死的人身边，但卡普马医生无法挽救他的生命。科克托曾多次描述这个场景：一边是高喊着"处死威廉！"的人群，一边是消瘦的诗人，被困在日耳曼大街 202 号的顶楼，在谵妄中认为这些为杀死德国皇帝而高呼的人们是针对他的。这对于 38 岁的阿波利奈尔是个残酷的结局，他为了成为法国人曾野蛮地拼搏过，头颅还如同圣器那样留着一颗被射进前额的子弹。

夜晚来临时分，科克托仍然在阿波利奈尔的尸体前守灵。"他就像我第一次看见他时那样"，毕加索在他旁边轻声说道，难以置信——这个肥胖而发亮的巨人竟变成了这一堆没有生命的东西。在迷幻的烛光与阴影下，在寂静中，只有阿波利奈尔的面孔才可能象征着生命。

埋葬了阿波利奈尔之后，科克托继续扮演毕加索如此需要的桂冠诗人的角色。他用他的文学激情为画家服务，毕加索之前就被阿波利奈尔那种带着景仰的热情喂饱了，同样还有马克斯·雅各布那种男人之间的热情。马克斯·雅各布这个人无论如何不会首先向他让步，即便是在 1902 年他俩共享伏尔泰大街的一个女仆房间时，也是一个白天睡，一个夜里睡。"布拉克是最爱我的女人"，毕加索对他的朋友这样说道；他依恋科克托这样富有激情的人。

科克托让这对年轻的夫妇接触到上流社会的生活，而毕加索在罗马时就对此感兴趣。他带他们去米西亚·塞尔特①家，去艾蒂安·德·博蒙伯爵②家的年度舞会，伯爵是一个古怪的文艺赞助人：去年，毕加索在那儿看到了浮肿的普鲁斯特，他只和在场的几位公爵说话。"看啊，他在写生！"他小声说。在科克托的帮助下，画家尽量成为奥尔加希望看到的大都市人，来过这种布尔什维克刚刚在她的国家毁灭掉的绚丽生活。在经历失败之后，决定放弃职业舞蹈家生涯的年轻俄罗斯姑娘充满了对布尔乔亚生活的向往：画家变成了一位真正的"先生"——戴白手套的佣人先打开香槟，然后给他品尝厨娘用从赫迪亚③买来的食材精心烹制的菜肴，他在伦敦定制他的西装，夏天则有穿制服的司机开着伊斯帕诺-苏伊萨牌轿车④送他去蔚蓝海岸。波希米亚已然成为毕加索过去生活的符号，他突然想起他父亲有几个分别是外交官和高级教士的兄弟，有一位是医生，娶了一位女侯爵。自从在达鲁街的教堂里金皇冠将他与俄罗斯姑娘结合在一起，他就成了"保皇党

---

①　米西亚·塞尔特（Misia Sert, 1872—1950），钢琴家，是 20 世纪初许多画家、诗人和音乐家的缪斯女神和赞助人。

②　艾蒂安·德·博蒙伯爵（Etienne de Beaumont, 1883—1956），法国贵族、艺术赞助人、装饰家、服饰家和歌剧剧本作者。在第一次世界大战期间，他和一些贵族和艺术家朋友们一起创建了救护车队，科克托担任过弗兰德前线的救护员。

③　赫迪亚（Hédiard），法国著名的高档美食商店，创立于 1854 年，总店开设在巴黎玛德莲娜广场 21 号。

④　伊斯帕诺-苏伊萨（Hispano-Suiza），巴塞罗那的西班牙汽车品牌，在西班牙内战时以生产豪车出名。在第一次世界大战期间生产飞机发动机。

人"，开始和上流社会交往。马克斯·雅各布说这是他的"公爵夫人时代"，他出版了散文诗《骰子盒》，闻起来火药味十足，无法取悦奥尔加：毕加索不久后也指责他丝毫不懂绘画。

科克托是画家年轻的夫人所认可的少数朋友之一。他经常来到波艾蒂街他们的套间里，这里是酷爱清洁的奥尔加的地盘，家具都打着蜡、闪闪发光——就如毕加索给科克托画的"安格尔式"画像中那样：在画中他坐在奥尔加和萨蒂的右边。画家的工作室杂乱得和"拾荒之王"这个名声匹配；但他的画着重表现妻子的平静之美与她的曲线——当她在把杆练习时，他常会研究她的曲线。有一些画得了柯罗奖和雷诺阿奖，当他看着镜中自己穿着礼服、戴着圆顶礼帽的样子，他想起了十分布尔乔亚的"安格尔先生"——他在罗马曾参观过安格尔的工作室。

科克托急于颂扬毕加索的程度和奥尔加急于将他"去波希米亚化"的程度不相上下。1919 年，作家出版了一首诗的豪华版，排版仍然在呼应综合立体主义的规则，字母洒落在有漂亮红框的页面上。印刷了 339 份的《毕加索颂》完美地体现了画家所思考的形式对作家诗歌世界的渗透。总是拒绝科克托的毕加索开始同意他的请求，甚至在他要求他当场给出答复时也是如此：1918 年他寄给他两幅花体的缩写签名，分别是一只公鸡和一个小丑，作为他俩友谊纯洁的象征，来装饰科克托为"法国六人组"① 所作的音乐小册子。也是在画作的注视下，在 1919 年 6 月，毕加索委托莱昂斯·罗森伯格：让科克托来代他向阿波利奈尔致敬。科克托在那儿遇见了非常年轻的拉迪盖，一位来向《醇酒集》的作者致敬的十六岁的少年。他很快就喜欢上了这位少年。

毕加索很友好地接待了拉迪盖，他曾和马克斯·雅各布一起见过他。"冷漠、自私、温柔的怜悯、残酷、社恐、放荡而纯洁、既喜欢又憎恨世俗的享乐、天真地无视道德……"人们在这个年轻的离家出走的人身上可以发现一切，科克托后来在《职业秘密》中的寓言里这样写道。他蔑视虚伪的价值，如同他尊重真正的价值，拉迪盖能以一种令人不安的无情凝视着他的对话者，面对问他刚画出的烂画怎么办的画家，他说："仁慈地画完它。"这对毕加索是具有诱惑力的，他也同样简练得野蛮。

在比他年长的这群人中，这个年轻人还有一个优点：他不想跟随任何潮流。他帮助科克托成立《公鸡》杂志，这本杂志得到了皮卡比亚、桑德拉尔斯以及仍然属于达达主义运动的雅各布的加入。他用他年轻的威望鼓励科克托放弃《好望角》的实验，转向韵诗。科克托对韵诗和《好

---

① 法国六人组（Groupe des Six）：作曲家亨利·柯雷在其 1920 年的音乐评论文章中提出了"六人组"这个新名词，用意是将六位有共同理想的青年音乐家和"俄罗斯五人组"进行比较，他们分别是奥里克（Georges Auric, 1899—1983）、路易·杜雷（Louis Durey, 1888—1979）、阿蒂尔·奥涅格（Arthur Honegger, 1892—1955）、米尧（Darius Milhaud, 1892—1974）、普朗克（Francis Poulenc, 1899—1963），及其中唯一的女性日耳曼尼·泰勒菲（Germaine Tailleferre, 1892—1983）。

科克托为"法国六人组"绘制的海报

望角》同样感兴趣，这本集子概括了他战时的经验，在
1919 年并不太受欢迎，唤醒了他身上对某种不成熟的蜕
变的焦虑。他同时也害怕重蹈战前的覆辙，甚至倒退四个
世纪，在今天如同拉迪盖要求的那样，重新歌唱龙沙的玫
瑰与美。他被他天生的安那其性与将人们聚集在一起的需
要拉扯着，他犹豫于是否要回归正规的诗歌，几近分裂的
边缘。如果不是毕加索过来提醒他在艺术上既没有进步也
没有倒退，古代的雕塑和立体-未来主义的绘画一样属于
当代，他可能不会迈出这一步。

　　受到毫不犹豫地说"杀死现代艺术"的画家和会无礼
地对妈妈说"为了有书看，我来写一本"的少年的鼓励，
科克托开始了新的转型。拉迪盖催他写一部长篇小说，他

自己则正在师法司汤达写《魔鬼附身》。他们富有灵感的
交流启发他在两年内写出了五篇小说，分别是《大差距》
《魔鬼附身》《奥尔杰伯爵的舞会》《可怕的孩子们》和
《冒名顶替者托马斯》。这奇妙的重生让科克托更是对他喜
爱无比，四处宣扬这个神童的天才。

　　1920年圣诞节前不久是他们关系最好的时候，科克
托在让·雨果家朗诵了《奥尔杰伯爵家的舞会》，毕加索
听了之后给拉迪盖画了一幅极美的安格尔式肖像。肖像中
他有鹿的眼睛和乱糟糟的头发，显示出画家对模特的理
解，他在这个年轻人身上认出了自己，这个少年决意将自
己的观点加于年长自己两三倍的人身上。两个强势的人在
此做评判，一个是傲慢地对平庸的傻瓜们喊"滚"的十七
岁才子；一个是毕加索，他会问在微型雕塑前驻足的让·
雨果："您仍然用手绘画吗?"毕加索活灵活现的笔触完美
地体现了青年天才的坚硬，和他在一个只能在同性之间建
立平等关系的画家心中勾起的欲望的雏形。科克托后来对
这幅肖像感到嫉妒，因为这比马拉加人给他画的任何一幅
肖像都令人印象深刻。

　　他俩在艺术上的配合仍然相当默契。1917年科克托
对《游行》的服装提出了与毕加索相当吻合的建议，对在
那不勒斯的布景的建议也与画家所画的相当接近。在
1920年底该剧重演时，他制造出了毕加索没有设计出来
的道具马。毕加索甚至赞扬他在制作过程中的一丝不苟。
1922年他又提出让毕加索为自己改编自索福克勒斯的
《安提戈涅》画布景，然后在《职业秘密》中这样向画家
致敬说："他的画就是画。他独自生活。除此之外没有别

的。这如同诗歌。"但毕加索像以往一样爱拖延,到了最后时限科克托也没有收到他的布景。直到首演的前夜,毕加索才来到工作室剧院①,从口袋里拿出一张揉皱的纸充当彩图,用赭红色画了一块看上去像大理石地面的平板,然后画出了三根多立斯柱——只用了一瓶墨水,走之前还不忘嘱咐科克托完成他已经画好的几个面具。

科克托对画家的风格如此熟悉,他可以自己画出灵感来自毕加索星空系列的点和线的组合,并让人联想到波利尼西亚海员的星空图。他也可以凭记忆画出马拉加人的螺丝起子图,这"证实"了他在可可·香奈儿家套间的墙壁上描出了人身牛头怪兽并签名"让画了这幅毕加索"的传闻,那在他看来是最好的恭维。他怎能抵挡在他们俩之间画等号的诱惑呢?比较他给拉迪盖画的新古典主义风格睡像和毕加索画的正做梦的奥尔加,他发现他俩有一个共同的偏好,就是展现处在无意识遐想状态中的对象,来迎合自己的欲望,这是他俩之间的默契。

但是这种相像到此为止。文学艺术比绘画更耗费时间:画一幅画可能是没有意图的,但是写一本两百页的书却需要进行长时间的思考。科克托对他所借助的形式有种真正的依恋,如同对与他合作的人那样,而毕加索则有种不自觉地远离合作者的趋势。科克托的蜕变让毕加索疲倦,虽说这种蜕变对画家来说不算什么,但他仍然觉得它们具有传染病的性质。科克托每找到某种新的艺术领域,

---

① 工作室剧院(Théâtre de l'Atelier),是一家位于蒙马特的私人剧院,在巴黎第 18 区夏尔-杜兰广场 1 号(1, place Charles-Dullin)。

就会看到它的局限；他一塑造一个新的身份，就会为缺乏基础而苦恼；他的个性由波浪和神经组成，需要第三者才能完美地运转。如果没有这个他喜欢称其为主人的流亡少年，他是否有力量回归龙沙和司汤达？

当他画画时，他在意毕加索的判决更甚于毕加索在意他的判决，这是符合逻辑的。当他缺乏动力去画画时，只有毕加索赞许的目光给予他勇气和力量。而毕加索的沉默会让他难受。为了向毕加索表示自己欠他的情，科克托将他1923年出版的诗歌冠以毕加索之名。这是最早的以毕加索为题的专论之一，《毕加索》庆祝了他们对古老规则的共同发现。同年，他在写给毕加索的惊人的诗篇《素歌》中说出了毕加索强劲的现代效应："我难以承受博物馆里金子的重量，/这巨大的船只。/比他们陈旧的嘴告诉我更多东西的是/毕加索的作品。"他在赞歌中还添加了这样的爱慕之词："缪斯带着画家一起跳圆舞，/牵着他的手，/这让他给这可爱的混乱世界，/加上了人的规则。"

科克托写了这些关于毕加索的文章、画了关于毕加索的画、在圣维多利亚的塞尚故居前给他摘梨，或在皮盖海滩上给他寻找可以雕在雕塑里的物件，但这都是白费力气，马拉加人的回复像用摩斯密码写的电报那样模糊而简短。在他需要写回信的时候，印度的百手之神就没有了手指：距离他洋洋洒洒地回复格特鲁德·斯坦因的时期已很遥远，她是第一位收藏他的画的收藏家，那一时期他还常在给他的便条里夹上阿波利奈尔的肖像画。很难知道毕加索对这些赞歌和颂词的反应，即便他在将这些东西放进纸盒子前一定是阅读过它们。

　　科克托知道毕加索对身边所有的人都是一样的，他愿意独自等待。"我爱你，这和你有关系吗？"歌德这样问道。当科克托决定在 1924 年出版他的所有画作——其中包括毕加索的两幅肖像，他将它题献给了毕加索："诗人不画画。他们解开文字又将文字重新连接起来。在凌晨四点他们的笔杆仍在独自行走。所以我题献给您这五十幅在垫板、餐巾纸或信封背面画的速写。没有您的建议我不敢将这些画集合起来。"他只是在又一次病倒的时候收到了波艾蒂街的邻居寄来的一只纸板小狗——一动就摇尾巴——这让他感觉好些了。在他安茹街的工作间里，这个吉祥物成了一位创作者派来的大使，这位创作者就是被尼采称为"男性母亲"的那种人，他们勤奋多产，完全没有时间理会批评。毕加索所做的一切都带来幸福。

　　毕加索身上综合了男人和女人、疯狂的公牛和隐身的斗牛士、多愁善感的曼陀林演奏者和残酷的掠夺者。他自己的对立面之间充满了争吵，"没有哪家摔过这么多碗碟"，科克托这样形容道，但他足够爱自己，每晚都能弥合，而在第二天黎明会诞生一个崭新的小巴勃罗，已经忘记前一个在头天做了什么事情——一只美丽的凤凰！毕加索不再坚持绘画作品的完善，他更倾向于以描绘来给人一种即兴的感觉。每幅作品都是他延伸到极致的一系列作品中的一环。油画、雕塑、素描和漫画，其中的每一种是什么并不重要，庞大的工作正在进展中。与其说毕加索在探索自己的发现，不如说他让它们如成熟的果实那样掉落，艺术不在大胆的重复中而在永久的断裂中。博尔赫斯也说，任何书都是对由已有的著作中遴选出来的元素的任意重组。任何事物都可以进入毕加索的画作，无论这些动机来自绘画或来自现实。"在我的画中有我喜欢的东西"，他这样说道："可怜的东西们，它们只能和平共处了！"

尽管毕加索比大多数人都聪明，但他并不是一个知识分子。他没有像抽象派的奠基人康定斯基①、克利②或库普卡③那样留下理论方面的著述；他用手思考、用身体来创造。"他清空自我，而一旦清空完毕，他将自我注满的速度是如此之快，以至于他又开始清空。"格特鲁德·斯坦因这样评价，其实这是不对的——"她将两种功能混为一谈了。"毕加索这样回敬她。

在维持了长达七年的友情之后，科克托终于承认："有些人从不向别人敞开心扉，他们敞开时也是封闭的。"从毕加索那里学到的东西只对他个人有意义，模仿他意味着才思的枯竭。但是作家有他自己的宝库，1923 年《可怕的孩子们》的成功证明了这一点。但是这些闪耀的成功使他有点飘飘然，而他极擅言辞，这阻止人们看到他更深的一面。如果他以毕加索这个说话更简洁、为人更神秘、使得向他的投射总会产生效益的人为榜样，不是更有利吗？他自己也马不停蹄地工作，但同时朝着各个方向且不留余地。他有时害怕喜欢上过多的人和事物，就像他在

①　康定斯基（Wassily Kandinsky，1866—1944），出生于俄罗斯的法国画家和美术理论家。康定斯基与蒙德里安被认为是抽象艺术的先驱。《论艺术的精神》（1911）、《关于形式问题》（1912）等都是抽象艺术的经典著作，是现代抽象艺术的启示录。

②　克利（Paul Klee，1879—1940），德裔瑞士籍艺术家。1920 年至1930 年曾任教于包豪斯学院。

③　库普卡（Frantisek Kupka，1871—1957），捷克斯洛伐克画家。

《大卫》的剧本中所承认的那样。他自问：什么条条框框可以把一位创作者限定在一个领域？"相比于我的大脑，我的前额不够有力。"他在他的第一本集子里这样写道。一个人必须强壮才有天才，而科克托却总是在别人身上寻找这种力量。

不管他是秘密地爱着拉迪盖，还是空等着毕加索的信号，总之，他的存在开始扎根下来：他甚至感谢他们让他变得坚硬。这些奉行不婚主义的机器对他的伤害是无效的，他的痛苦使他得到额外的生命：他感受到自己天性中所有的微妙之处因为希望而绽放，直至感受到外科医生们以"精细微妙"形容的痛苦。他很善于受苦，自从疾病给予他一种原初的快乐——使他拿着需要设计的布景的模型躺在病床上。他甚至骄傲于确诊了在他之前只有被派遣到亚洲的大使感染过的病。

他情不自禁地喜欢残酷的家伙。他性格像玻璃，而拉迪盖和毕加索则像钻石；所以他的命运是受伤，而他们的命运是伤害。为什么要对此抱怨呢？从希腊时期人们就知道抗议只会让自己受到的惩罚更严重。

> 我过于柔软的心为千种死而遭受痛苦
> 一个不屈的灵魂让地狱有了秩序
> 我的心在诅咒但灵魂不愿听
> 让心还是待在它的铁丝上吧！

科克托在《素歌》中这样写道。

他的痛苦与他的模仿才能同是他的最佳动能。他知道如何从痛苦中汲取富余的诗意，来向他的"刽子手"证明他赋予了痛苦艺术上的含义。"丢向我的石头会为你们塑造我的雕像"，他在《捕鸟人案件》中这样写道，这首诗没有收录在 1927 年的《歌剧》集中。他在其中承认了他依赖于被当作关注焦点时所受的打击，里面也写到了"从一个世界跳到另一个世界的让"——他有时这样称呼自己。只有他会在他的电影《诗人之血》中这样展示血：从诗人-孩童的嘴里喷涌而出，使他的垂死像高潮一样强烈。

这种受虐狂有其局限。对毕加索占尽好处的《游行》所引起的冲突的痛苦回忆，使他拒绝瑞典芭蕾人罗尔夫·德·马雷向他提出的为 1921 年的剧作《埃菲尔铁塔的新郎和新娘》画布景的邀请。同样地，毕加索也没有答复艾蒂安·德·博蒙特让科克托写《墨丘利》的台词的建议，这部芭蕾舞剧的音乐是萨蒂完成的，而毕加索负责画布景。他不再希望和科克托合作，其实还是科克托介绍他和萨蒂认识的。科克托却赞扬了毕加索为这部大戏所作的贡献，带着险些要失去一些东西时会表达出来的那种热情。

毕加索疏远了他，但科克托因为过度关注着拉迪盖，并没感觉到痛苦，自从《魔鬼附身》在 1921 年取得成功之后，这位少年就完全占据了他的心思。必须让他少喝酒，不要整天追女人、偷偷地和她们睡觉。科克托几乎成了他的全职陪伴者：他经常把他从这种波希米亚人的生活中拉出来，带他到远离巴黎的地方，一有机会就去海边，并敦促他必须在固定的时间写作。这座水晶工厂需要他来预防威胁着他的碎裂。

科克托不停地催促他完成《奥尔杰伯爵的舞会》，导致拉迪盖 1923 年夏天从皮盖回来的时候精疲力竭。作家找来了没能救活阿波利奈尔的卡普马医生，但卡普马同样无法诊断拉迪盖所患的伤寒，于是在圣诞节前拉迪盖去世了。遭毁灭之灾的科克托甚至没有勇气去参加在圣奥诺雷德埃劳教堂主办的葬礼，在那里毕加索和奥尔加遇见了巴黎所有最别致的人物。科克托被负罪感所折磨，懊悔自己太过严苛地要求拉迪盖工作，而没能治愈他。他没有勇气去面对巴黎人，他们给他取了一个绰号叫"屋顶上的鳏夫"。

他的房间也不再是一处庇护所：少年每天晚上都来谴责他杀害了他。他靠一个音乐家带他吸的鸦片来麻醉自己。他躺在一张席子上消磨时间，断断续续地睡觉，完全丧失了现实意识。在某一天去波艾蒂街毕加索家中的电梯里，一种可怕的感觉揪住了他：他和一个可怕而永恒的东西肩并肩——那是年轻的亡灵，每日在他的谵语中谴责他让他受的罪。一个不知来自何处的声音在他耳边轻语道："我的名字会刻在一块碑上。"这让他垂下了双眼。他发现带着他升天的电梯品牌不再是之前那个"奥的斯-皮弗雷"而是"赫特比斯"。"可不是个奇迹！"当他把这个惊人的发现告诉毕加索时，画家如此安慰他说："没有像块方糖一样在洗澡时融化也是个奇迹！"

科克托第一次找到了工作的动力。他在几个小时内完成了《天使赫特比斯》，这是唯一一首他认为一个词也不能改的诗歌，在他的写作生涯中堪比毕加索的《亚威农少女》。但是奇迹没有再次出现。电梯的品牌重又变成了奥的斯-皮弗雷，少年的亡灵又开始在夜间困扰他，他不再能找到创作的灵感。

只要科克托有拉迪果（拉迪盖的昵称），就有了一个可以雕塑的人才。"我训练拉迪盖，通过他完成我不再能完成的工作。"他在《捕鸟人让》中这样写道。年轻的作家去世之后，他不再能给他的作品穿衣服。他充满了自杀的想法，甚至想杀死自己的母亲然后自杀，科克托躲进了让人迷醉的泡泡里。他一拿起每日必备的"泡泡"，和同伴们躺在席子上面，他的恶心感就缓了。毕加索说这是地球上"最聪明的"味道——在洗濯船时期，他也经常抽这个。"我们聊天，我们很开心"，当时和他共同生活的女人费尔南·奥利维这样说道，她还说，正是这些夜晚给了毕加索如饥似渴的、杂技演员式的创作灵感。"一切都变得美妙，高贵；人们爱整个人类。"

在连续几周徘徊在这恶心痛苦的乌云中之后，科克托的不真实感比以往任何时候都强烈。他只有气力去收集、整理《奥尔杰伯爵的舞会》的手稿（而人们指责他完全重写了这本书），然后盯着镜子中憔悴的自己。他试着在一系列名为《捕鸟人让》的绘画中抓住自己内心的情绪变化，这些图画迫使他变成了自己内心凄凉图景的摄影师。和他母亲在威尼斯逗留期间，他一想起这个因为他而死的男孩，就如同想起年轻诗人让·勒罗伊 1917 年在前线之死，那时他已经认为勒罗伊是他杰出的弟子了。他甚至怀疑自己带来霉运。为什么这几个天使生存得那么艰辛，去世如此早？"毕加索和生活面对面，我和死亡面对面。"他对莫里斯·马丁·杜加尔①这样说道。

在周围人的压力下，他又有了回到工作中去的动力。在从巴黎到蔚蓝海岸的火车上，他打着一部芭蕾舞剧的台词草稿，重新发现大海和阳光、网球和游泳。毕加索答应为他设计舞台幕布，并借此机会拿出了一幅水粉画，画中画着在沙滩上奔跑的女人们，他让助手将这幅画放大了二十倍。《蓝色火车》的首场演出之后，科克托重又陷入阴暗之中。

他于1925年春天在夏多布里昂街的一个诊所接受了第一次戒毒治疗。在度过难受的几天之后，他写信给毕加索说："你象征着生命，如果我看到你，我会从洞中走出来，但这里的人不允许我见任何人。"在经过几周电击治疗后，他被释放了，但他很快又陷入对毒品的依赖之中。没有什么能让他重新站起来。

鸦片不能取代拉迪盖，拉迪盖又将他引向鸦片——他在绝望中寻找出路。他受马克斯·雅各布影响，他鼓励他祷告；他又被马里坦夫妇收留，他俩喜欢帮助迷惘的作家。科克托在他们位于默东的房子里认识了一个僧侣，他被阿尔及利亚的阳光雕琢而成，穿着一件富科神父式的袍子。从这位不同寻常的隐士身上散发出的宁静将科克托的心震撼了。他这样一个总是能感觉到我们的生活剧场背后的第四重维度的人，重新找到了孩童时期的信仰。他开始满怀热情地领圣体，期望所有敏感的灵魂有朝一日都能重

---

① 莫里斯·马丁·杜加尔（Maurice Martin du Gard，1896—1970），法国作家和文学记者，是诺贝尔文学奖获得者罗杰·马丁·杜加尔的表弟。

聚在天外。对他而言，圣体此时抵得上一切杰作。

　　毕加索早已认识了马克斯·雅各布，他是他的第一位桂冠诗人。他放弃了家庭所信仰的犹太教，转而信奉了基督教。他甚至同意做他洗礼的教父。但雅各布很谨慎，不像科克托——他急于让所有人知道他找到了治愈痛苦的良药，他在大家面前承认他皈依了上帝，成为改宗者。他依靠被人们照亮而活，直到他和马里坦夫妇因为一次文学纠纷产生分歧，他出版了他们之间所有的通信。他的虔诚重又被质疑，就好像《游行》里的叫卖小贩为了一场不存在的演出而呼喊，让人们聚集起来。

冷淡

两个朋友之间友情的星空不再布满繁星。情场得意、艺术事业的成功，以及保罗，又称帕布利托的诞生——1921年奥尔加生下了这个小男孩，这一切使毕加索变得不那么容易见到了。他把所有时间都奉献给了艺术和家庭，他不断地延后他俩的约会，并且不答复作家的来信，尽管这些信件都以"爱你"作为结束语。在看到母亲出面邀请他也无果后，科克托意识到做毕加索的好朋友是多么微妙的一件事，尤其是在已经过了最初的阶段之后。

　　他已经得到了他的肖像画、花体签名、服装和舞台设计（《游行》《安提戈涅》《蓝色火车》），还能期待一个画家做什么呢？在他将他的朋友们掠夺一空后，他迷信地躲避他们以保护自己。在他和画家的关系中他处于什么位置呢？自从奥尔加使之变为四重唱以来？科克托已经不知道该怎么办，这个朋友可以投给他深渊一般无动于衷的目光——当他在拉迪盖去世后用湿润的眼睛凝视他时。他的命运不比被奥尔加宣布为"不受欢迎的人"的马克斯·雅各布好多少，他感觉越来越糟。画家是他的恒星，但已不再发热。"你为什么不再写作了?"1922年秋天他这样问道。

这在之前就有征兆。1917 年，莫里亚克在看到科克托在一次巴黎集会上朗诵《好望角》时赞叹道："这是时代之歌"，而毕加索则冷着面孔，一副不屑一顾的样子。自《游行》取得轩然大波般的成功之后，也是这个毕加索对身边的人说："我是彗星，而科克托是我的尾巴。"在1919 年《公鸡和小丑》的序言中，科克托说他喜欢毕加索的小丑，却讨厌藏在面具下的这个否认公鸡打鸣声的、花里胡哨的人物。这是因为他担心毕加索像曾经对阿波利奈尔做过的那样不承认他吗？

毕加索最近对一群已经和查拉①保持距离的年轻诗人感兴趣，他们抓住所有机会向他表示欣赏。这些安德烈·布勒东领导下的前达达主义者感到科克托很恶心，原因包括他属于上流社会的过去、已被确认的性向、过于热衷的模仿，尤其是他对上帝的皈依。而且布勒东也有取代阿波利奈尔成为新的精神领袖的野心。正是在阿波利奈尔的房间里毕加索第一次见到了布勒东，在《醇酒集》的作者去世的前夜。

在成为他们逐猎的目标之后，毕加索仍然保持着怀疑的态度。布勒东说服了服装设计师雅克·杜塞于 1921 年底购买了《亚威农少女》，并对他的《水星》表示出异乎寻常的热情，与巴黎报刊的反应完全相反。他不择手段地边缘化科克托，竟然放出许多有关毕加索和他之间的关系渐趋冷淡的谣言。一张报纸刊登了马克斯·雅各布的假采

---

① 查拉（Tristan Tzara, 1896—1963），原名 Samuel Rosen Stock，法国诗人、散文作家，原籍罗马尼亚，达达主义运动的奠基人之一。

芭蕾舞剧《蓝色火车》，服装由可可·香奈儿设计，舞台背景根据毕加索的《Deux femmes courant sur la plage》绘制

访，质疑科克托的"皈依"，这个所谓的雅各布在假采访中散布了很多可怕的说法。两位诗人的桌面上经常出现伪造的信，或是提醒雅各布：科克托借用了他的不少诗意，或是写着科克托讨厌雅各布，科克托每天都在背叛雅各布等等。毕加索也许把仇恨科克托的任务委派给了雅各布。

如何分辨这些谣言的真假？在请求原谅之前，雅各布需要去伤害，为了更好地开始赞颂。他将他对毕加索的爱和抹大拉的马利亚对耶稣的爱相比——"你是在上帝和圣人之后我在世间的最爱",他在一则献辞中发誓,然后称他为"魔鬼基督"。在科克托眼里,雅各布是最靠不住的人之一,毕加索更甚。但,是什么时候开始的呢?

1923年7月,在巴黎米歇尔剧院达达主义最大的活动上,布勒东、苏波和艾吕雅拒绝让科克托朗诵诗歌,因为查拉也邀请了科克托。但当看到毕加索也在场之后,他们最终决定暂缓执行这个决定,以免让画家感到不适。此外,画家本人也被年轻的皮埃尔·德·马索特①质疑,超现实主义集团的另外两位成员——德斯诺斯和贝雷——爬到台上拉住年青人并扳住他的脸,而布勒东则用手杖砸向他的手臂,这也是"法国行动"中保皇党喜欢用的武器。他意欲将查拉从先锋派首领的位置上拉下来,并使科克托靠《游行》建立的声望扫地,这场晚会有点艺术政变的味道。

布勒东终于从毕加索那里领到了他渴望已久的圣杯:一张散发着毕加索"磁场"的肖像画旋即被印制在名为《大地之光》的诗集首页。这位年轻的超现实主义者的领袖陶醉于这初步的成功,对先他一步来到毕加索和阿波利奈尔身边的科克托进行愈演愈烈的攻击,他希望能后发制人地把科克托排挤出去。他们开始骚扰这位他们称之为"弗雷戈利"的科克托,并将他与"假诗人帕波纳特"——阿波利奈尔《被谋杀的诗人》中的关键角色相提

① 皮埃尔·德·马索特(Pierre De Massot,1900—1969),法国作家,与达达主义和超现实主义都有联系。

并论。"我们肯定能把这个'发臭的'怪物打倒!"义愤填膺的艾吕雅建议把科克托送去"蒸桑拿",而本杰明·贝雷则猛烈地抨击这个擅长激起布勒东仇恨的"天使便便"。

科克托是一个骗子,他在不能成为他自己的时候模仿、偷窃和效仿别人,前医学生布勒东这样下结论说,仿佛他在下一个精神分析诊断。他自己也有过这种在接触杰出人物后改变的倾向:在墨西哥与托洛茨基①相遇时他几乎被震住了。

他的策略是等待着成功为他加冕。《超现实主义革命》杂志的第一期发表了《吉他》,这是毕加索画的一个金属结构,一年之后,他就是 1925 年末超现实主义团体第一次画展的明星了,他的画作和基里科②、恩斯特③、米罗④和克利一起展出。布勒东在讲坛上称毕加索的画作为超现实主义作品,并指出从 1909 年起就是如此——这当然是出于对画家的兴趣而给出的追溯性的功绩。"看看这些超现实主义者们吧,他们是多么狡黠!他们发现这些画作完全符合他们抽象的观点。"一年后毕加索在谈论《星座》时这样说道。他听任布勒东的人随意作为,只是嘲弄

---

① 托洛茨基(1879—1940),苏联无产阶级革命家、政治家、军事家、理论家。

② 基里科(Giorgio de Chirico, 1888—1978),意大利超现实画派大师,形而上派艺术运动的发起人。

③ 恩斯特(Max Ernst, 1891—1976),德奇法国画家、雕塑家,被誉为"超现实主义的达·芬奇",在达达主义运动和超现实主义运动中均处于主导地位。

④ 米罗(Joan Miró, 1893—1983),西班牙画家、雕塑家、陶艺家、版画家,超现实主义的代表人物,是和毕加索、达利齐名的 20 世纪超现实主义绘画大师之一。

性地在一幅画里的火车站站长背后画上了一只鸽子！然后，这幅画就因为系统地运用符号被批评为学院派。毕加索很长时间以来容忍他自己被称为超现实主义画家，实际上他和超现实主义不沾边，但布勒东对他这种态度很满意。

　　科克托自认为是唯一一个能够马上理解毕加索的画家。他恼火地发现毕加索需要换一批他的画作的狂热支持者，有时这些人就是科克托最可怕的敌人。当然，画家避免介入他和反对他的布勒东之间血腥的冲突之中，这四十年间唯一的保留也让科克托觉得艺术上的唐璜——毕加索已经不需要他来为他唱赞歌。这期间当然也发生了思想上的相互灌溉，就像约翰·理查逊①所写的那样，但他们之间的交流并不对等。

　　科克托越来越因他在模仿中对毕加索作品的密钥的寻找而受挫。在玛丽-劳尔与夏尔·德·诺耶夫妇在海尔的城堡里，客人们看见他在一块麻布上钉了一块布、几张报纸和包装纸，签上了毕加索的名字。然后他将这张立体主义拼贴画展示给贝尔纳·贝朗松看，不许这位文艺复兴艺术史学家说出为什么这一幅"毕加索作品"不是艺术，而帕特农神庙却是永恒的理想美的化身，这激起大家疯狂的笑声，继而使艺术史家因窘迫而离开。但是科克托远没有掌握毕加索的全部诀窍，这众多的技术足够滋养他的一生。

　　大师通常对复制他作品的人表现出宽容。甚至能看到

_____

① 约翰·理查逊（John Richardson），《毕加索传》的作者。

毕加索绘制的《吉他》

他这样回答一个这样对他说的人："毕加索先生，我想给您看一幅您的作品。——当然。这是我画的。"但他并不喜欢人们长期地模仿他，而是希望人们能给他的画带来一些改变。长久以来他的虚荣心都被科克托效仿他的举动打动，但当他看到科克托 1926 年底在四马路画廊展出模仿自己最新的雕塑的作品时，他发火了。这些零打碎敲的绳子、黄铜、图钉、发卡和蜡烛委实让人想起他春天刚刚展出过的吉他组合——由剪报、绳索和布做成的实体图画，结合了绘画和雕塑。

根据未来派画家塞维利尼的说法，毕加索因科克托间接地为"借鉴"做辩护而更为恼火，在画廊出版的展册前言里，科克托辩解说一个农夫找到了米罗的维纳斯的双臂，没有必要还给她，因为是在田里找到的，所以属于农夫自己。画家在《关于艺术的一封信》中这样回击："每次我看到有人模仿我，我都几乎有生理上的反感。"这针对所有那些模仿他的艺术、作品和诀窍的人。毕卡比亚①说："我在他人身上最不喜欢看到的，就是我自己。"毕加索含蓄地批评科克托的可能正是他自己身上这种掠夺的倾向。

自到达巴黎之后，由于习惯了扮演模范角色，毕加索遇到了认同方面的危险。他没有忘记在他生活在巴黎的最初岁月里认识的加泰罗尼亚同伴卡萨吉马斯，因为情场失意、在艺术上穷困潦倒，他无法走出毕加索的阴影而在20岁时自杀身亡——他无法征服红磨坊的一个舞女，而毕加索在此期间却和她在一起好几次。还有阿根廷的富二代乔治·本贝格，他在他耶雷斯的房子里把他隔壁的房间借给毕加索，他对毕加索的敬仰达到了自己也娶了一位俄罗斯芭蕾舞女演员的程度，他还在十几幅画上签上了毕加索的大名，最后被关进了疯人院。从那以后，毕加索像害

---

① 毕卡比亚（Francis Picabia，1879—1953），法国画家、平面设计家和作家，于1909年加入立体主义团体，1915年后转向达达主义和超现实主义运动。

怕瘟疫一样躲避这些灵魂的窃贼。

在经历了长时间的脓肿之后，这个伤口终于破裂了：科克托在 1926 年 10 月 19 日的《不妥协者》杂志上发现了一篇毕加索接受加泰罗尼亚报纸《广告报》的采访的译文。"科克托，他是一台思考着的机器。"他读到，"他画的画非常雅致，他的文学是新闻式的。如果我们为知识阶层创办一些报纸，科克托每天都会上新菜，一个优雅的陀螺！如果他可以贩卖他的才华，我们在整个一生中就都可以到药店中购买科克托的药片，而这丝毫无损于他的才华。"科克托简直不能相信他的眼睛：这位在公众面前总是保持谨慎的毕加索……这位轻视媒体、从不接受采访的毕加索……他总认为没有什么值得解释的……"新闻式的文学！陀螺的订户！卖菜、分发药片……"这个他最器重的艺术家怎么会给他的对手们递刀子呢？人们会认为他俩从来都未曾是亲密的朋友；媒体会在年轻的一代面前嘲弄他；又一次，一切都需要重来……

遇到这样的情况，科克托的母亲是他唯一可以敞开心扉的对象。他在给她的信中这样写道："摇一摇我吧！就像在拉布吕耶尔街的房间里那样抱着我吧！"她知道如何倾听和安慰他。"我亲爱的妈妈，"他对他母亲坦白说，"我昨天遭到了平生最重的一个打击……毕加索像我最坏的敌人那样说了我许多坏话。幸亏有你和教会，我才没有从阳台上跳下去。我认为我不再有勇气回到城市里去了。为我祈祷吧！我真的很痛苦。"

他早已见识过毕加索的残酷和不近人情，但这一次确实太过分了。他无论如何应该保持住他们两人在别人眼中的朋友关系，不惜一切代价……

　　除非加泰罗尼亚报纸采访的是和毕加索同期在巴塞罗那逗留的毕卡比亚？有可能采访者——尽管是个西班牙人——将发音发成了毕卡比约，然后巴黎的排字工认为这是一个错误，把它改成了毕加索。有时候毕加索本人也会利用这种发音的相似，比如他卷入某件麻烦事时会谎称自己为毕卡比亚。可能是这样的……没错，就是这样的！

　　科克托像他自圆其说时那样铆足了劲，自信自己能够说服毕加索。他以保罗的名字给毕加索发电报，恳求他在报刊上发一个否认声明，但他完全知道画家不会这么做。毕加索像一直以来那样没有答复他，他自己拿起笔开始澄清《不妥协者》报上这个关于毕卡比亚的事实。这是一个很悲怆的妥协，但是他没有选择，不然，西班牙人也不会动笔。

　　不久之后，一个很偶然的机会使科克托夫人、奥尔加和毕加索在巴黎一家大戏院聚在一起。科克托夫人一见面就对他俩说，当听说受采访的不是毕加索时，他和儿子都感到很欣慰：“不是吗？不是您？”她着急地追问道。“不是他。”奥尔加回答。之后毕加索又做了个手势并重复了这句话。因为这是出于自发的，对前面那些言论的撤销也就是显而易见的了。

　　毕卡比亚却否认了他曾对《广告报》说过这些话，科克托写信给毕加索说：“你从不谈论任何人——你拒绝谈论，你所谈论的是谁？是我这个崇拜你、甘愿为你和你的家人赴死的人。”但是这封信仍然没有得到回音，毕加索更愿意和自己的画对话。他只能满足于去四处散布他自己的说法，这样说的好处是挽救了自己的名誉，并宽宥了毕加索。热脸去贴冷屁股，对毕加索狂热的仰慕折弯了他的脊梁骨，科克托在给他波艾蒂街的亲密友人的信中致歉说，由于生病，他不能亲自来在圣诞树上挂上他给小保罗的礼物。

格特鲁德·斯坦因很了解毕加索，她给出了她的版本的解释：画家在巴塞罗那遇到了一个后来成为报社老板的儿时的朋友，他可能同意了用加泰罗尼亚语接受《广告报》的采访，要知道这几乎没有被用西班牙语发表的风险。但是报纸传到了巴黎，访谈被翻译了出来，这让画家极为尴尬。科克托肯定会要求他解释，他打电话给毕加索时，毕加索可能会让他的女佣回复说他不在，此后奥尔加又在剧院为他挽回了颜面。我们今天才知道，其实在采访中毕加索没有提到科克托，其实是超现实主义者们在预览了《广告》报的原版文章后，在《不妥协者》报上刊出的译文中添油加醋地增加了关于科克托的篇幅。但是科克托永远没能知道这一点，他没有从毕加索口中得知这一点，毕加索也从不答复他对否认这些内容的一再要求。毕加索就是这样采取行动的，或者说永远没有行动——他在波艾蒂街工作室的门上这样涂鸦："我不是一个绅士。"

科克托能肯定毕加索从未参与超现实主义者对他发起的无尽的攻击——这证明他对他们的阴谋无动于衷——布勒东成功地在维持了十多年友谊的他俩之间挑拨离间。以毕加索狡猾的头脑，他认为保持对他俩友谊的信念是科克托的事，他不应该去相信超现实主义者们的恶意宣传。在他眼里，罪魁祸首永远是受害者。

　　于是科克托只剩下一个救星：马克斯·雅各布。毕加索的第一个桂冠诗人深知毕加索的残酷——他让他等了足足六个月才给他的《骰子杯》（1916）画插图，他对他们一个共同的朋友说这是杰作，然后才对赶来听赞美的雅各布说："我还没有读过。"作为他的难兄难弟，马克斯安慰了科克托并肯定地对他说，没有人能逃过毕加索的忘恩负义，他将他比喻为能安抚人但却没有能力爱别人的钻石。他们两人共同的倾向是一种透着忧伤的欢乐，并且都很夸张，科克托和雅各布都热爱投身于不断增长的、交织起来的可疑的谦虚和狂妄自大。他们以残酷的清醒相互竞争，以轮流扮演自视甚高的角色的方式来相互安慰——甚至高于毕加索。"我喜欢你爱我。"雅各布有一天这样说。科克托也没少说这样的话。

　　"这些心灵的罪行总会留下些痕迹"，雅各布 1927 年初对科克托说。他试着去搞明白这些事情：毕加索讨厌一切，甚至讨厌他自己，他想做无法做到的事情，并且要求别人也这样。既然画家超乎寻常的野心解释了他的冷漠残酷：他俩也对他冷血的态度做出了对等的回应。这种相互的冷酷帮助科克托挽回了自己的颜面。

　　毕加索难道没有在采访中流露出对他的多才多艺的欣赏吗？在布勒东给他施加压力的情况下，他难道不是需要勇气才能对他如此热情吗？画家这么不健谈，人们可以让他说出完全相反的话，而不管实际上他想说什么。由于想到这荒诞的一面，科克托在不久后偶遇他和奥尔加时，愉快地接受了他共进午餐的邀约。

　　这顿饭足以让毕加索回归他原来时常扮演的那个有

魅力的形象，科克托也就此决定原谅他所做的一切，假装自己是个高贵而忘性大的牺牲者。得益于他具侵略性的敏锐，他开始同情必然懊悔于对他造成伤害的毕加索。他确信这种痛苦是不可逆转的，基督教一般认为受害者的痛苦可以减轻施害者的错误，他应当做的是拥抱毕加索，让他心里好受一点……

马拉加人可没有这么多想法。他不喜欢往回看，他惯于为他的创作牺牲他周围的人：先是他的父亲，然后是他的那些波希米亚同伴们，还有他的情妇们。他认为他们无疑也从中牟利。他创造出来的生灵为他而死，这是多么令人满足啊！圣方济各在《赞歌》中提到为众生而垂死的耶稣时这样写道。科克托暗暗希望自己成为毕加索那样的人吗？他不能坦荡地为不能成为他而抱怨连连。他要成为其他成功人士的亲密朋友，才能坐实自己的成就吗？还是算了吧。

就像以前从前线回来的布拉克没有得到毕加索的拜访，作家对于毕加索也不再有用。对于画家而言，只有工作室和作品是重要的，他的生存方式基于做减法——"我为自己创造了一种没有人会怀疑的孤独"，他说。科克托不是不知道——"他像别人生活那样去工作"，他只能这么说。"而他像别人睡眠那样去生活，他的嗜好是画画。"——他就像那些目瞪口呆的被谋杀的远古英雄一样，尽管人们提醒他，他还是掉入了陷阱。

在《游行》公演的十年之后，毕加索没有遗憾地离开了。从1927年起，他就不再怎么回应科克托的来电，四年后他带着年轻的情妇玛丽-泰雷兹搬到了诺曼底的布伊斯格诺普城堡。"从此见毕加索比伏在教皇脚下还难",受科克托喜爱的一个年轻人莫里斯·萨克斯这样说道。对毕加索来说,科克托属于布尔乔亚奥尔加的同党,属于她要求毕加索过的奢侈生活的一部分,在魔王充满强制的世界里,科克托是一个过时的人。他(几乎)变得像奥尔加一样累赘,毕加索只是偶尔才见他们,他突然想起令芭蕾舞女演员永远告别舞台的那次事故——全是因为在发生口角之后毕加索扔向她的那把椅子,他能肯定。

　　愤怒的科克托于1928年起草了《世俗奥秘》作为给基里科的辩护词,因为基里科放弃了形而上的画法,超现实主义者们抛弃了他。他在这篇杂文里以牙还牙,向不愿意按照布勒东的要求那样绘制梦境的希腊-意大利混血儿的新古典主义发展致敬,他的画如同科克托的诗歌一样像是在沉睡。基里科赞美这个唯一一位为他的转折辩护的批评家的热忱,但他也是第一个怀疑科克托是出于个人原因这么做的人。他看到他指出他西班牙朋友的贡献的一句话:"毕加索在吞刀子,这在他口中留下了苦涩的滋味。"科克托也及时地在他的《间接批评随笔》(1932年)中给了达利比较高的荣誉。达利此时也和布勒东团体决裂了,布勒东回敬达利的方式是将和乔治·巴塔耶在1933年创建的杂志命名为《牛头怪》,以表明他的"毕加索立场"。

　　科克托与克里斯蒂安·贝拉德之间与日俱增的友情并没有为他带来什么利益,这是一位其作品受到毕加索憎恶的新人文主义画家。"我所寻找的,是不适。"从烟雾中获取灵感的贝拉德这样说道。与指责他画宦官和无足轻重的人的超现实主义者们相反,科克托喜欢他绘画中海滩上

这些形似海象的人体，贝拉德画出了他们孩子般的丰腴和
猪血肠般的手指。他更喜欢画睡着的人而不是梦境，他对
马克斯·雅各布说，他极喜欢这些一半是孩童一半是老人
的杂种人体，与地平线几乎融为一体。但无论是基里科还
是贝拉德都无法给失足的科克托以信仰和勇气。他不再去
歌颂毕加索的天才，他怀念他那双吞噬一切的眼睛以及他
可怕的生命力——"没有你，生命就没有意思。"他肯定
地对他说。

属于他的时期已经结束了，他最终这样承认了。他属
于这个在画布上钉衬衣和绳子的画家的过去。画家在一次
去西班牙的旅行中重温了父亲遗传给他的对斗牛的热爱，
他开始观察这套古老的马戏所遗赠给他的人性关系：血腥
的公牛和胜利的斗牛士的形象占据了他的绘画，他开始选
择像艾吕雅这样的诗人来评论他的作品。

和科克托一样灵活而有受虐倾向的《痛苦之都》的作
者在唱赞歌时从不言过其实，但是毕加索从这位桂冠诗人
那里得到的是胜过强势的布勒东领导的小团体的支持，他
与布勒东保持着安全距离。这次联合使毕加索成了时代艺
术的太阳，而他为《变形记》所绘制的插图则从梦幻的柔
软中流露出超现实主义式的生物形态性的影响，通过玛丽
-泰雷兹·瓦尔特雕塑般的身体展现出来。

见证毕加索在 1930 年代的上升时，科克托和马克
斯·雅各布一样抱着恼怒，画家几乎参与了所有超现实主
义画展，1932 年还在乔治·贝蒂画廊举办了回顾展，并
在次年看到了他第一幅进入了公共收藏的作品。而与这些
活动毫无关联的科克托感觉自己因为过早地扶持了毕加

索而受到了惩罚。

　　上帝已经不再能麻醉他的精神，他重又开始吸鸦片。受到玛德莱娜大街房间里波希米亚人的影响，他开始把黑夜当白天，而把白天当成黑夜昏沉的附属物。几秒钟的遨游把他带到皮盖的亭子间里，在那儿拉迪盖和他一起度过了最后的假期，或带他到十年前普鲁斯特垂死的房间。他失去了时空感，烟雾带给他富有灵感的文字，但一旦回到现实之中，他也无法组合它们。四十多岁的他过起了毕加索二十多岁时在洗濯船上过的那种流浪生活，但他却没有画家那种足以碾压崇拜者的坚强自我。这个资产阶级的儿子像一个被玩坏了的字谜游戏，而前画室艺徒却在主宰自己的艺术帝国。

　　1928 年冬天，科克托重又开始接受戒毒治疗，以令人惊讶的耐受力忍受戒断的痛苦。他被关在空无一人的私人诊所，忍耐到第八天才终于开始给身边的人写信。护士非常吃惊地看到他在读一篇写毕加索的散文。毕加索给他寄的包裹让他掉了眼泪：他用矿泉水给他寄来的四叶草洒水，并珍藏着画家寄来的画，其中一幅是小保罗的作品，他还得到了在一个蝴蝶盒子里的卡通色子——这是一个他将珍藏一辈子的护身符，就好像这些小吉祥物可以把他从地狱拯救出来。他在信中对毕加索写道："你是我喜欢、尊敬、认同的，我认为世界上最好的人。"

　　从数月的冬眠醒过来之后，他的身体又复活了。他的头上冒汗，他的眼睛突出在眼眶之外，他的嘴唇不住地吮吸着周围的空气。失落在他身上形成了某种空虚，从中冒出成千上万个孩子想吃奶的呼声。刚从戒毒诊所出来，他迈向了空虚，毒瘾又犯了。他把最后的时间花在写一场戏的内心独白上，一个女人被他的情人抛弃，在最后的分离之前还是不断地给他打电话。

在《人性的声音》1930 年的首演现场，这个"内心的声音"征服了整个巴黎，在安茹街的房间里响起了一阵电话铃声。一个阴森的声音告诉科克托夫人：他儿子刚才被汽车轧死了——也是这个声音有时来电告知他母亲：她儿子是那些下流事的主角。其他匿名电话则打给毕加索、安娜·德·诺阿伊和纪德，说科克托刚才在一家酒吧里自杀了。

毕加索跑到科克托夫人家里安慰她。布勒东的人假装什么也没干，他怒斥他们说："不是你干的？肯定是你!"他们是那么希望这个抛弃他们的家伙送命，听说他自杀，他们既不失望也不惊讶：一个从没剪过脐带的家伙，对他的消失有什么可抱怨的呢？

必须杀死俄狄浦斯。

1950 年让·科克托导演的电影《奥菲斯》海报，奥菲斯也即俄狄浦斯

新的征服

与此同时，毕加索进入了一个犹疑不决的时期。一方面他维持着和奥尔加在波艾蒂街的摇摇欲坠的家，但奥尔加因为玛丽-泰雷兹怀了他的孩子而开始与他大吵大闹。他要求离婚，但是又不想分割这些他与奥尔加在豪奢时期添置的财产。他购置了很多宝贝，更多地出于占有欲而非激情，他希望把它们归置在城堡里然后拿上钥匙，就像他保留松节油发票和斗牛票那样。

　　按照法律规定，必须给他的所有工作室贴上封条，这位蓝胡子在1935年春天放下了画笔。40年来的多产让暂停绘画的他一下子如坠深渊，甚至不再有活下去的欲望。他对工作的酷爱如瘾君子一般，而不工作让他感觉非常难受，一切都让他感觉不舒服：他的画作和成功、他的豪车和酒店。在54岁的时候，毕加索开始尝试写诗，但没有张扬，因为害怕被人笑话。

　　科克托此时却显得比他幸运。他不断地产出剧本、诗集和绘画作品，但这种多产却是表面的。他所经历的恶心状况让他才思泉涌，但他的文字也日益变得简短和晦涩。鸦片让他变得拮据，他不得不变卖了几年前买入的毕加索的两幅拼贴画。科克托被超现实主义者们故意的排斥和找不到另一个拉迪盖的恐惧所萦绕，在 45 岁时活成了自己的影子。

两个男人却又都因为结识了新的朋友而获得了新的活力。先是毕加索，他在 1936 年初经艾吕雅的介绍认识了一位南斯拉夫摄影师。这位极具挑逗性和攻击意味的多拉·马尔用与他一样黑的眼睛直视着他，扑闪着蝴蝶翅膀一样的长睫毛，然后在花神咖啡馆表演飞刀，将刀具扎进她每个手指之间的缝隙。这位有个性而骄傲的流亡者在阿根廷长大，主动要求与她崇拜的这位画家见面，并希望他为自己画像。

他俩的关系一度升温，两个月之后，毕加索重又开始在改造后的大奥古斯丁街工作室工作。他画了大量被多拉·马尔星星般的目光晕染的画作，而她就住在临近的萨瓦街的公寓里。他又找回了他成堆的画笔和颜料、他的围裙和油迹斑斑的拖鞋，画家又回到了"简朴的"从前——这种奥尔加憎恨的艺术家生活。

一年以后，科克托在试演《俄狄浦斯王》时，发现其中的一个年轻演员侧面像极了他所画的人物像。让·维兰·马雷演技拙劣，但他的热情、表面上的天真和太阳般的美貌让他折服。科克托给马雷写了很多四行诗，是一个男人可能带给另一个男人的灵感的最佳范例。科克托开始扶持这个年轻人的事业，并在他那里开始了一段新生。

在毕加索眼里，马雷让科克托变得年轻起来。他在作画的同时会给马拉加人写信，措辞十分自然，毕加索竟然有些不习惯。乐观、快乐而活泼的年轻演员在现实生活中比较随意：他大胆而有偷窃癖，会随意地改编事实，让自己的存在充满诗意——这种原生态的艺术形式让毕加索很感兴趣。多拉·马尔也为这友情的升温助了一臂之力。她的超现实主义朋友们提醒她不要搭理科克托，艾吕雅是第一个，但是她认为他很有吸引力，她在自己的公寓兼工作室里接待他，还给他拍了一幅黑白肖像照。毕加索则向他开放了阁楼套间、他改造过的各个楼梯和小角落。科克托发现这里还是像他以前的工作室一样凌乱不堪，他也发现了一位准备在地球上任何物品上签名的造物主那可怜的辉煌。"他真是了不起！"当看到毕加索又迸发出《游行》那个时期的天才时，他这样说道。

在艺术背景政治化的过程中，民族阵线的到来使他们团结起来，并使艾吕雅和阿拉贡离开了指责他们政治倾向的布勒东。布勒东丧失了权威，科克托又在毕加索那里恢复了威信，他重新成为新作欣赏的首批受邀者，而作家也继续邀请他观摩新戏剧的排练。弗朗科将军的政变和西班牙内战也促进了这次友情的升温。自从卢浮宫的伊比利亚雕塑失窃之后，毕加索就变得十分谨慎，他不动声色地接受了长枪党的创始人普里莫·德·里维拉在他的祖国授予他的荣誉，毕加索在民族阵线的要求面前败下阵来。他在多拉·马尔的压力下打破了沉默，她是一位公开地支持合法共和政府的女激进分子。巴斯克的格尔尼卡被火药摧毁，他开始为1937年世博会的西班牙馆画壁画，而他的新伴侣则用摄影将此记录下来。

三十多年来只关心自己作品的科克托第一次明确了自己的立场。应阿拉贡聘请在一份哲学共产主义报纸《今晚》中写文章的他祝贺法兰西接纳了受迫害的西班牙难民，祝贺毕加索用《格尔尼卡》给受纳粹空袭的牺牲者们加上了弗朗科经常戴在肩上的十字架。受这个范例的启发，他用炭笔和铅笔在一张床单上画了一幅巨大的作品，并以用剃须刀割破皮肤流出的血来染红其中一个人物的绷带。三米宽一米五高的壁画上画了两个裸体女人和一个模糊的男人，这个男人正在向一个嘴里吐出百合花的天使注入生命的基底：看上去有点克里特的味道。恐惧给了勇气翅膀，这是他最大的意愿，如果不是最好的意愿的话。

毕加索的荣耀在 1939 年扩大为国际化的荣耀，当《格尔尼卡》在美国各地巡回展出时。拜访者蜂拥到大奥古斯丁街的毕加索工作室参观，多拉·马尔的摄影作品让这里闻名遐迩，极其成功的《这里》也吸引着人们的注意：这个能俯瞰整个巴黎的大阁楼成为吸引了全世界的焦点。1936 年科克托为《巴黎晚报》写了他自己的《环游地球 80 天》，他也借此确认了自己受欢迎的程度。他又有了理由相信：在他俩的关系渐趋冷淡之后，他们之间能再建立一种平衡的关系。随着年龄的增长，两人也变得脆弱易怒。他们同样在重新开始研究会威胁任何一个真正的艺术家的陷阱。毕加索对科克托说："人们最不自由的时候恰恰是最自由的时候。""而当巨人的翅膀阻挡你前进时则一点儿也不自由。"

到了 1940 年 6 月，他们的日程表上突然出现了战争。空袭警报迫使他们在地铁站里躲避，出来时看见穿着蓝灰色军装的德国士兵唱着歌巡逻，而装甲坦克载着金发的年轻士兵穿越大街。成千上万的人逃向了自由区，而毕加索选择留下，出于一种自私的麻木，也出于对既成事实的拒

大奥古斯丁街，毕加索工作室的入口

绝接受。无论是要流亡或是"逃亡"到自由区，他都需要他的工作室。尽管有共和政府的任命，他仍然拒绝到马德里去领导普拉多美术馆。他拒绝让文化在德国的铁蹄下凋零，科克托和马雷在佩皮尼昂短暂停留后来到了巴黎皇宫区的一个套间安顿下来，他们在自问：是否犯下了生命中的一个大错。

巴黎荒无人烟，这种荒凉将画家和作家像1916年时那样拉近了，他们只需要穿越一座艺术桥就可以相见。毕加索处于一种窘困的境地：全世界都知道他揭穿了德国对弗朗科政变的支持，他被纳粹认为是堕落艺术的象征。在他到巴黎的最初几年他就被警察当成无政府主义者，加泰罗尼亚画家都属于这个群体，他在1939年看到自己最近一次加入法国国籍的请求被拒绝。他在法国仍然是一个外国人，没有机构愿意收购他的画作，除了仅有的一家，因此他仍然是可以被驱逐的，弗朗科已经要求引渡众多流亡的共和党人。当时的毕加索很有名但是不被理解，被崇拜但是很少被爱——莫里亚克将他比为一个疯狂摧毁人类脸孔的魔鬼——小丑在走钢丝。

科克托的运气也不比他好很多。在1928年出版的《白皮书》中，他平静而骄傲地承认了自己的秘密，所有人都辨认出了匿名写作的他，这很可能使他成为超现实主义圈子外的替罪羊。

他1939年为捍卫犹太人的民权而签署了反种族歧视请愿书，而在毒品贩子供出他的名字之后，他所经历的询问和诉讼把他形容成了一个吸食毒品的亲犹主义者和腐噬法国年轻人的"姑姑"——通敌报刊这样描述他——

"堕落的科克托？可惜了。反种族歧视的科克托？需要被清洗。"塞林纳在一篇乱七八糟的文章中大喊大叫。尽管热内满是犯罪记录，热忱的科克托还是在 1943 年出版了他的首批作品，并在法庭上为他辩护，但是没有用。他也很早就被巴黎警方认为是无政府主义者，但他们对他相当宽宥。所有这些"优点"使他成为通敌评论家眼中战败的罪魁祸首，罪魁祸首还包括流亡中的纪德和已去世的普鲁斯特。

因为他瘦弱、头发蓬乱，在 1930 年代的所有主要报刊中，通敌媒体上的评论员都将他塑造成一个下流无耻的共和国瘾君子模样。他们揭发科克托保护妓女族群——这是一个蒙坦顿卫生"专家"发明的词语——或者指责他狂热地喜欢黑人，将拳击手巴拿马·阿里·布朗从阴沟里拉了出来，让这个黑人成功戒毒，并在拳击馆战胜了勇敢的高卢选手。

科克托催生了时代对他的仇恨和恐惧。发行了十三万五千份的《麦垛》杂志揭露说，他的诗歌是腐朽的，他的解构戏剧在统一的欧洲不再有任何地位。《丑闻》杂志揭露他没有根，而可怕的《劳布罗》杂志则在《我无处不在》中抨击他是腐朽的作家。无法成为自己的他是雅利安犹太抄写员、女性的模仿者，科克托被说成是一个艺术骗子和滥交的犹太佬。

他的事业也比毕加索更为脆弱。他的戏剧演出必须得到维希政府和德国的许可，而这些戏的预演不是因为妨碍公德而被禁演，就是被一些被《我无处不在》所鼓动的流氓往台上扔臭蛋和活老鼠而扰乱：只有戏剧《永恒的轮

回》或改编自《特里斯坦和伊瑟》的电影这样一些神话主
题的东西才能不受阻碍地被搬上舞台。而毕加索的绘画却
不需要贝当政府和纳粹开任何绿灯：他是自己工作室至高
无上的主人，他一直都是。他承认：法国被占领反倒成了
一个机会，有宵禁的帮助，干扰少多了。

　　科克托仍然是人们经常在夏庞捷画廊的展览开幕式
上遇到的巴黎公众人物。在那里，摄影镜头有时会拍到德
国军官要求画廊取下毕加索的一幅画，因为这些占领者们
禁止他的画作展出——"这真是一个耻辱"，他在
《1942—1945年的日记》中这样写道。但是他只要来到珍
妮·布赫和路易斯·莱里斯（她是卡恩韦勒的儿媳）的画
廊，就能找到塑料布下掩藏的老朋友的作品。像海勒中尉
这样的德国军官会来到工作室向毕加索打招呼，继恩斯
特·荣格之后购买他的作品，他来自魏玛政权在巴黎的总
参谋部。毕加索信任了他，愉快地向他提供《格尔尼卡》
的复制品，"这是您画的吗?"一位军官气愤地问。"不，
是你们。"毕加索回敬道。

　　毕加索当然也无法躲避管控。德国军官经常来质疑他
的血统，最过分的是他们不时地提醒他——而他总是矢口
否认——他的祖母是犹太人。有时候某个可疑的摄影师会
延长采访的时间，很可能是丹纳克派来的负责处理犹太人
事务的眼线。从大奥古斯丁街路过的德国人会称他为堕落
艺术家，将工作室的绘画作品都掀翻在地上才离开。而塞
林纳则擅自把他放进了"犹太船"组织里，在1938年他
出版《略施杀伐》后，他就声称这一组织已经解散了。塞
林纳1941年的《漂亮床单》表现的是在巴黎越来越"目

中无人"的犹太人的存在，还有成千上万同情他们的雅利
安人，其中就有科克托，这个"犹太脓疮在他身体内腐烂
的人"。危险一触即发，多拉·马尔的母亲在第戎被捕证
实了这一点——但她最终证明了她不是犹太人。

科克托也托了关系。他找到了一个维希政府的国家安
全机构的前副主任，向他不时确保大奥古斯丁街的工作室
一切正常。这位杜布瓦先生帮助毕加索更新了他的外国人
居住证，而不用他再请求维希的弗朗科政府大使馆，他们
似乎也常常"关照"他。在出版商准备出版的关于他的作
品的三本专著中，只有一本在黑色年代被封禁。对自己情
况感到放心的毕加索习惯了时代的严苛条件。他没有煤来
为工作室供暖，没有汽油开车，但他通过比以往更多的
画来保持温暖。他在一个古董商那里买来了一堆旧东西；
在缺少空白画布的情况下，他从街上捡来越来越多的废弃
物：他用一个坐垫和一个车把手制作出他著名的作品《牛
头》。寒冷的境况比舒适的条件更适合他创作，他只抽吉
普赛人香烟，只喝纯度很高的酒。多拉在附近的街区游
荡，而玛丽-泰雷兹在布瓦格鲁普城堡酒店等他，艾吕雅
则等他一招手就为他唱赞歌，科克托想的是如何接艾吕雅
的班：一切都进展顺利。

科克托也在适应。只有通过被日本占领的印尼才能购
买到滴管瓶装的鸦片，在年轻的马雷的帮助下他逐渐戒除
了毒瘾，马雷害怕他因此被卷入各式各样的地下交易。
1917 年他在给他母亲的书信中这样写道："我适应一切，
包括奢侈生活、上流社会、贫穷和孤独，带着充满激情的
冷静。"烟草已经稀有到莫波特广场上出现了烟屁股交易

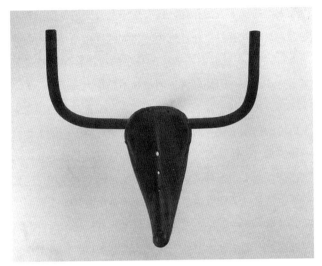

毕加索著名的作品《牛头》，创作于 1942 年

市场的程度了吗？他用他的配给卡换香烟。没有肥皂？马雷会在药店里偷。自从 1943 年《永恒的回归》在影院上映取得成功之后，总会有他的"小朋友"从乡下给他带来一只鸡，或者是有崇拜他的年轻姑娘到市政厅去给他取粮票，这些粉丝们将小鸡、黄油和鸡蛋像敬供一样放在那里。有一位埃及女知识分子 15 年以来一直试图接近科克托，当他不在的时候将奶制品和肉类放在他蒙彭西耶街的住所？这是一些问也不用问的事情。

当毕加索的画不再能在画廊里销售的时候，买家直接找到他本人，毕加索可以在大奥古斯丁街的一家精致而昂贵的加泰罗尼亚餐厅订餐。他在友人们面前和科克托一样激情澎湃，他的法语水平提高了，模仿能力惊人。他有时只要在桌布上签名就可以买单，在每周不能供应肉的那三天里，他也能吃上夏多布里昂牛排，这是他的特权——这家餐厅在一次检查之后被关闭了，而毕加索也付了一笔罚金。有时他会向马丁·法比亚尼那种可疑的画商购回自己的画作，马丁的工作是让搜缴来的犹太人的藏品重新在市场上流通。

鲁莽的马雷表现得更为强硬。当《打字机》1941年春天在埃贝尔托剧院上演时，劳布罗攻击科克托说他是垃圾、脓包，马雷第一个去路上伏击了他，他给他取了个外号叫"对科克托咬牙切齿的男人"，在他走出餐厅时几拳把他打倒在地。在《可怕的父母》重新上映时，他又一次表现出这种勇敢无畏，通敌的报刊猛烈地批评了这部电影，一群极端激进分子称呼他为男同性恋者，并攻击他和他母亲睡觉、两人在金字塔饭店吃饭——就坐在毕加索和多拉·马尔的邻桌：这部戏在1943年被禁演。

尽管毕加索并不像科克托希望的那样喜欢马雷的画，但他喜欢年轻演员牧羊人一般的外貌。他突出的剪影让毕加索感喟自己继承了母亲那矮胖的身材，而不是他父亲那稳重的样子：随着年龄的增长，毕加索的身材越来越厚重，科克托在日记里形容他像一头"白发的雄狮"。画家在他的粉色时代画了很多裸体杂技演员和有暗示意味的小丑：这个年轻的演员则综合了他以前画的杂耍小丑和后来的野兽式作品。大男子主义使毕加索倾向于夸大男性美的价值，它因为不具备生殖功能而显得更为高贵，他逢人便夸奖年轻的演员微笑的魅力不可抵挡。"他甚至自己也想成为让·马雷"，多拉·马尔对科克托说道，确实是这样。

有一天，毕加索将一只扫帚柄改造成了一根国王权杖，马雷-尼禄每晚拿着它在科克托导演的《不列颠的征服者》中挥舞，毕加索让多拉·马尔从各个角度拍摄照片。另一天，毕加索让演员到工作室里坐在一座裸体女像的脚下，然后摆出土耳其皇帝后宫中女奴的姿势，手臂在脑袋后交叉，如此呈现在布拉塞①的镜头前。马雷有种魔鬼般的美，根据科克托的说法，他古典的侧影让毕加索心动不已。这一沉睡的形象从未如此具有蛊惑性，在画家的眼里，这无疑出自演员超强的男子气概：毕加索兴许希望马雷才是他的儿子，而不是一无是处的保罗，他总是当着马雷的面贬损他。

马雷的存在强化了横亘在两人之间的鸿沟。科克托总是帮助他，让他排练重要的剧本台词，并督促他进步，而毕加索则妒忌地看着下定决心独自生活的多拉·马尔。她是他灵感的第一来源，也是他的另一个自我，而这也意味着占有欲的凶猛：科克托用炭笔给她画速写，毕加索称之为杰作，然后借口要修改一处小缺点，在画布上给他的多拉的面孔又涂上一层油。

此外，毕加索还鼓动多拉放弃摄影这种小众的艺术，尽管她擅长于此。她在毕加索的施压下放弃了胶卷，转而开始画一系列可能是他构思的画，有时马蒂斯也会提供帮助，在他督促下画的这些画被签上了毕加马尔的名字。多

---

① 布拉塞（Brassaï，1899—1984），匈牙利摄影师，1932年出版摄影集《夜巴黎》，以穷尽巴黎夜生活全貌而闻名于世，赢得"夜间摄影鼻祖"的美誉。1980年代出版《在我生活中的艺术家》摄影集，正值壮年的毕加索、达利、马蒂斯等艺术家都出现在他的镜头中，引起新的轰动。

拉·马尔被她战前的情人——乔治·巴塔耶的受虐倾向所损害（巴塔耶则从中获利），现在日趋毕加索化起来。

从鸦片中解放出来的科克托又恢复了美丽的面容。当时正在给大奥古斯丁工作室摄影的布拉塞拍摄出他肌肉发达、容光焕发的样子，他没有一丝赘肉，梳理过的头发里没有一根白发；他骨节分明、手指修长的双手被特意地彰显；他的上衣袖子如此窄短，双手的舞动伴随着嘴唇的口若悬河。戒了鸦片的科克托和1915年毕加索遇到他时一样年轻苗条。毕加索嘲笑他那剪裁合体的裤子，因为自从奥尔加走后，画家又变得衣衫褴褛，"他出生了……重生了"，毕加索对布拉塞说道。这就是画家爱别人的方式，毫无怜悯之心，只凭视觉感官。

春天，两个人乘坐三轮车去私人影院观看科克托编写、马雷主演的一部电影——往往是如此。他们趁天气好坐在露天咖啡馆喝一杯，取笑过往的人头上奇形怪状的帽子——那些硬纸板让人想起路易十四时代的假发，皮料都被德国佬征用了。毕加索的残酷是极富创造性的，科克托好奇他的伴侣如何才能在他这封闭的人格下生存。"我崇拜多拉灵魂的力量"，他在日记中这样写道，换作是任何一个人都会感到极度压抑。

毕加索住在他的作品里，而不是房子里，科克托写道，他和自己相处，而不是和同伴。"毕加索家"，他几个月后在日记中写下，"多拉是毕加索的同居人。在这个家中不停地诞生绝妙的魔鬼。夫人接受上午来的客人的问候，而先生却想把他们扫地出门。"但是这位喜欢被恭维的俏皮女子和这位勤奋的画家会一起来到画架前。他们这一对组合出其不意，这避免了画家自我重复——就像东方人所说的"两次踩在老虎尾巴上"。

科克托又开始重新找寻这种令人困惑的炼金术的秘密。他只发现了《晨曲》：画着一个躺着的女人和另一个演奏曼陀林的女人，他将这幅画的结构看得清清楚楚，又凭记忆复制了细致入微的细节。他又用铅笔重新画了一遍，来理解毕加索是如何做到的。这种好奇心却是单方面的：毕加索是永不可能屈尊来到蒙彭西耶街，在他自己设立的这个黑板上用粉笔绘画的。科克托在去敲大奥古斯丁街工作室的门时要祈祷自己好运，而毕加索是不会自己找上门来的。直到有一天，被打扰的毕加索用炭黑色的眼睛愤怒地盯着科克托。"您那黑墨水般的眼睛，上帝看了也会害怕。"——科克托在信里写道，然后他补充说：他发现他身上有一种无法剥除的空虚。这句话是如此残忍，让科克托自己感到恶心。

他不仅没有抱怨毕加索，反而感谢他间接地提醒自己提防完全为了赚钱而为一个电影制片人打工的这种空虚。他的这位老朋友在生活中多次以残酷的方式介入而帮助了他，他在日记中这样写道。就在那之前他曾在公开场合说："昨天，我画了一幅我非常满意的画"，然后他听到毕加索回答说："你真幸运。"他感到良药苦口。

他们两人都很讨厌维希政权，那种陈旧的教士道德和团队精神，但这个话题是如此平庸以至于他们都不愿意提及。他们在日常讨论中更多地提到的是这种半自由、半专制的奇怪的体制，或是评论科克托从热内那里拿来的漂亮手稿，这个在法国被占领时期他们大张旗鼓地宣扬的累犯。这个皇宫所在的幽灵之都的夜晚有了古代鬼怪穿梭的样子，他们交流着关于美学的问题。

"毕加索不发表什么意见"，科克托能够确认，"他会为自己有了个想法而抱怨。他害怕愚蠢的念头，到了荒诞的地步，而他总是喜欢荒诞。他的策略是自己成为一种政治，同时不断地革新自己。"这些评价对科克托自己也适用，可以想见他们两人活在怎样的泡泡里。"待在我这些朋友家里不是最好的吗？愚蠢、丑陋、粗鲁和现实不会从任何一个缝隙溜进来。"在与毕加索和多拉在大奥古斯丁街共度了一天之后，科克托这样说道。

难道不是在对欢呼胜利的舆论的嘲讽中，两人才在第一次世界大战期间取得了艺术上的成就吗？毕加索成为和平的卫士，科克托在凡尔敦大屠杀时期构思了《游行》，同样的原因将他们与第二次世界大战相隔。"我们两人现在坐在一起，我们今天下午就来商议和平。"毕加索对恩斯特·荣格这样说，对于科克托而言无疑也是如此。《在大理石悬崖上》的作者于1943年3月第一个到来，和毕加索一起观看《诗人之血》，这是在香榭丽舍大街的一个小放映厅上映的一部科克托的实验电影，诺阿耶夫妇始终在放映厅的出口处。他们难道也和荣格生活在同一个星球上：在那里，科克托将一部不合时宜的作品当作现实的高峰去欢呼？

在皇宫的立柱保护下的科克托只承认自己的一个祖国——那就是他在宵禁时间阅读的诗歌和童话故事。毕加索也确证着这一点，他们居住在一个拥挤、但不服从于任何一人的岛屿上，他们只服从于逼迫他们画或写出他们本身就带着的文字的那个声音。他们的作品才是唯一可靠的现实，在纳粹的铁蹄下，在贝当政权散布的"道德"中。

但是总有一份报纸来提醒他们时代的野蛮，总有对手会威胁他们的地位。1942年，一位尖酸刻薄的"弗拉曼克先生"长篇大论地攻击毕加索的造假才能，他称这位他以前在蒙巴纳斯的同伴为"画坛上的斯塔维斯基""无能者"——这种看法从每个犹太人的身上都看出了一个雅利安人抄袭者和一个骗子，就如那位伪造财政票据的斯塔维斯基。科克托向发表了这份无耻报道的报纸提出抗议，这让他想起萨佛纳罗拉在佛罗伦萨点燃的"虚荣之火"，这样的"揭露"就是在点火。由于这位他绝对的捍卫者的机警，毕加索得以重新拿起自己的画笔。

这个所谓的"半个犹太人""受犹太影响的性倒错者"成了受维希政府和柏林方面鼓动的公众讨伐的对象，他受到包括《我无处不在》在内的许多检举性质的文章的抨击，这类呼声此消彼长。阿诺·布拉克在1942年5月对科克托提出：在发生极端重大事件的时候，他可以直接给柏林打电话，科克托毫不迟疑地接受了。布拉克肯定地说，这是艺术家之间的举动，可以沿用到毕加索等人身上，这说服了科克托，他寻求占领者当局的支持，甚至求助于德国大使奥托·阿贝茨，来获得剧目上演的许可。

元首最喜欢的雕塑家布拉克是阿里斯蒂德·马约尔在蒙巴纳斯的学生，布拉克也是在那儿认识了科克托。由于布拉克和希特勒的亲密关系，他在元首1940年短暂访问巴黎时担任向导，这使得他办起事情来很顺利。很多被关在法国监狱里的人因为他而获得了自由或生命，他强调说，其中包括马约尔的伴侣、为女歌唱家日耳曼·鲁宾演奏的犹太钢琴家，以及毕加索，他亲自为他向希姆莱的副官求情。布拉塞在他的《与毕加索的对话》中写道，他非常惊讶，毕加索不知用什么方法搞来那么多用于雕塑的青铜（在参观了布拉克展览之后不久，他创作了雕塑"牧羊人"，布拉塞也看了"牛头"的照片），而在别的地方，要弄到青铜是如此困难：占领者们通过烧融巴黎的雕塑来铸造枪炮，或者提供给布拉克大型雕塑所需的材料。可以想到，是布拉克暗中帮助了毕加索。

在福煦大街的阿根廷收藏家安可雷纳夫妇家里可以找到来此吃饭的毕加索和科克托。安可雷纳夫妇喜欢在家里接待他们的画家朋友，其中有以艾吕雅为首的某些超现实主义者。这里的菜单上有比达利的画作更梦幻的小龙虾，这在这个物资匮乏的年代是很珍贵的。他们的客厅是剧场式的，通过台阶通向有阳台的露台；书架上《我的奋斗》被供在希特勒的肖像下，这些富有的艺术赞助人认为他是20世纪最伟大的人；墙上画上了假门，上面是布拉克和让·雨果所画的凝视着客人的人像，这是一种具有时代特色的基里科布景。"现代的奢侈展示出了它所有残暴的奥秘"，科克托写道，这是他对房间装潢的感受，而他满足于用粉笔画一架石头钢琴——下面藏着电唱机，然后再说几个他在《游行》时代就在讲述的故事，毕加索听后高兴无比。战争在欧洲肆虐，但在福煦大街，他们的青春却重又被点亮。

当科克托拿起画笔时，画家的目光又落到他身上。他在他失误时盯着他，在他有所进展时温暖他，给他鼓励然后又让他失望。这种重逢的亲密的唯一缺憾是：桂冠诗人的头衔仍然是保罗·艾吕雅的，他仍然频繁地拜访毕加索，他创办了一份地下杂志——《法国文学》，并领导着抵抗运动。艾吕雅和阿拉贡一样和布勒东决裂了，布勒东流亡到了纽约，科克托不再是超现实主义者们共同的敌人。分裂出来的超现实主义者甚至向他承认：1925 年布勒东开除他的威胁也不能迫使他在反对《天使赫特比斯》这首诗的一篇充满仇恨的文章上签名——而科克托这首诗的灵感来源于拉迪盖。在战前计划谋杀他的德斯诺斯开始和这位"天使的粪便"共进晚餐。科克托喜欢看到艾吕雅连续三天在他的画架旁，让科克托为他画像。艾吕雅背对着毕加索，而毕加索则用铅笔画下了这个画面——这是他在法国被占领时期画下的最美的画之一。

　　另一个破冰的迹象是：借法国政府给德国雕塑家办回顾展的机会，科克托于 1942 年 5 月 23 日在报刊上发表了一篇《向布拉克致敬》，艾吕雅对此表现出了令人惊讶的宽容。在信件落款处他对科克托写道："重新给予我俩的友谊信任吧！我们不会再被分开。"他向这位对超现实主义者们的暴行已经习以为常的人敞开了门——莫里亚克称这篇《向布拉克致敬》很无耻。而艾吕雅保持缓和态度是有其他想法的：他可能暗暗希望在他被捕时科克托能够帮助他，而科克托也希望在解放时艾吕雅能帮助他避免一些麻烦。

1943 年 8 月，毕加索和科克托出席了苏丁①的葬礼，他"犹太化"的表现主义遭受排斥。几个月之后，作家写了一封请愿书，要求释放马克斯·雅各布，雅各布因为他的犹太人身份而遭到逮捕。毕加索也在这份请愿书上签了字，但是在最后关头又取消了签名，以免触怒德国人——发表请愿书的报社老板这样说道，然后他还补充说，画家完全听从他的吩咐。亨利·索格特说他去加泰罗尼亚找了毕加索，毕加索答复道："不要担心马克斯，他是个天使，他会保护自己的——他并不需要我们的帮助逃出监狱。"

实际上，当毕加索在亲弗朗科的杂志上发现了雅各布的几首诗后，他就不再给他回信。他知道他的这位前桂冠诗人在面对虐待时的煎熬和焦虑，但是他不回应他任何求救的呼唤——当奥尔加告知他他们的儿子保罗的种种劣迹时，他也是采取这种不予理睬的态度。在雅各布的姐姐被逮捕后，雅各布给毕加索写信说："我相信科克托"，"他一直是这么机灵而友善"，这是不是在以另一种方式表达：他对画家已经不抱希望？科克托却在这方面反驳说，"毕加索在传言中是一个自私自利者，这种传言完全是错误的"，"这些人完全不了解他在解救同胞方面付出了多大努力，而且一点儿也不炫耀"。很多遭打压的蒙巴纳斯画家和西班牙流亡者都可以为他作证。

1944 年 3 月 5 日，雅各布在德朗西集中营死亡的消息引起了巴黎人普遍的反感。在纪念他的弥撒之后是一片

---

① 苏丁（1893—1943），犹太裔法国画家，对巴黎的表现主义绘画思潮有很大贡献。

死寂，包括艾吕雅在内的三十多个好友——艾吕雅此时正被盖世太保搜捕——前来悼亡。毕加索害怕德国人将来的人都抓起来，于是谨慎地躲在边门里。当他正在和身边的人交谈时，狂热的维希分子安德烈·萨蒙①靠近他并建议他离开现场。毕加索反驳他说："警察已经来了，因为您就在这儿。"自从萨蒙投靠维希政权，已没有人再理睬他。

毕加索在占领时期的态度可谓是扑朔迷离，因为他和科克托一样选择了继续工作，不免让人分不清他的立场，1944年8月巴黎骚乱时他从普桑的画中得到灵感画了一幅《酒神祭》，1939年纽约现代艺术博物馆为他举办的展览使他成为大西洋彼岸的一座纪念碑，美军士兵蜂拥来到他的工作室。他在艺术市场上的身价飙升，而此时画廊已经四年没有公开销售他的任何画作。向他致敬的秋季沙龙惨遭失败：有一些画被美术学院的学生弄脏，警察和年轻的党员不得不来到现场保护其他未被污损的画作。污蔑他的信函接踵而至，他开始怀念在黑色年代他所享有的安静。有些人形容说这是再一次被占领，科克托害怕他们指责他和美国人过从甚密，如同以前的德国人。"事情不会轻易改变，我们的王国不在地球上。"毕加索向他肯定。阿登攻势带来格局改变的危机，科克托问毕加索如果德国人回到巴黎怎么办，"我继续画我的画"，毕加索平静地回答道。

当科克托得知作家协会成立了清理委员会，以调查他

---

①　安德烈·萨蒙（André Salmon，1881—1969），法国诗人、艺术评论家和作家，和阿波利奈尔与莫里斯·雷纳尔一起是立体主义的捍卫者。

莫迪利亚尼在 1916 年为雅各布画的肖像

们在占领时期的政治倾向时，他变得焦躁不安。来自阿拉贡和艾吕雅的支持可以使他逃脱任何审查，但他仍然和派系保持距离，而毕加索则热情地入了党。对那些对这场回归感到吃惊的人来说，只要受到社会现实的教育，就会认识到这是唯一可以接受的美学观。毕加索说："我的政党，就是我的作品。"这一点任何人都不用怀疑。但是这些作品更多地装点了洛克菲勒的墙壁，而不是矿工的墙壁，它们可能因此而失去其颠覆性的内涵。1945年毕加索在一位记者的话筒前这样肯定地说道："绘画的功用不是家庭装饰，它是进攻和防守敌人的武器。"

　　事实上，毕加索在使绘画政治化方面非常谨慎。他仍然只遵循自己的法则，而同样入了党的莱歇①，则尝试起了一种"工人主义"画风。这一次，科克托不太信任这个转变。他想起毕加索前不久还对他宣称：这个地球不是他们的，很多人也提出了这类疑问。"我怎么会犹豫？"毕加索对着这群圣托马反驳道。"我会害怕介入吗？但我从没有感觉像现在这样自由和完整……"当人们坚持要了解他为什么这样做，他补充说是为了世界上少些灾难。站在这些被执行枪决的人一边，反而使他找到了祖国的替代品，自1900年流亡国外以来他就离开了祖国。这是与布勒东彻底的决裂，而布勒东在1947年的超现实主义国际画展中居然没有展出毕加索的任何作品。

　　市政府不断地要求他提供画作，工会要求他给他们画横幅广告，士兵们则要求他供给皮靴以资鼓励，毕加索大

---

　　① 莱歇（Leger，1881—1955），法国画家。

体上都能满足他们的需求，他在战前后悔变得富有的时候喜欢说："我不喜欢给别人上衣，我喜欢让别人给我一件。"他是否梦想着重新找回洗濯船时期的方济会精神，通过与洛林地区的钢铁工人的接触？这方面的表现不是很常见：如果说阿拉贡的大部分时间被政治活动占据，毕加索的大部分时间则被作品占据。

科克托想把他们在占领时期不问政治的态度保持下去。他逃离到过去的神话中，让马雷扮演了《美女与野兽》中那个庞大而多毛的、魔鬼般的角色。这是一部改编自勒潘斯·德·博蒙夫人作品的电影，这部电影的拍摄对于演员来说难度巨大，每天早上他必须戴着面具站四个多小时，科克托自己也在1945年年底生病，好像他自己身上承担了爱人的一部分痛苦。"不要让科克托拥抱你，"毕加索有一次对约翰·理查森——他的朋友道格拉斯·库柏的伴侣这样说，"他和德国人一起染上了某种皮肤病。"这种说法不怀好意地攻击了诗人，从他的皮肤中渗透出来的是他们度过的煎熬年月。毕加索仍然是当年那个当卢浮宫小雕像被盗，司法机关让阿波利奈尔作证时，宣称"我不认识此人"的画家。

这一切使得科克托看上去像个幽灵，他的头上好像顶着个燕子巢。在清洗时期，他如临深渊，布莱斯·桑德拉尔将他的发型与《航行》（1948）片段中的女主角相比，这个"充满阴谋的绵羊"造型是毕加索在画他的肖像时给人留下的印象，而他本人想抹去这种印象的努力是无用的。不过科克托也已习惯了这一类谣言，这与超现实主义者们在战前对他的造谣诽谤是如此相似。不予理睬是不激怒对手的最好方式。

　　罪人变成了受害者，长期以来毕加索都让他有这样的感觉。

用剑的斗牛士，投枪的斗牛士

在公开的场合，艾吕雅支持科克托法国化的诗歌，希望使他成为真正的同路人，就像那些共产党从清理运动中挽救出来的艺术家一样。1949年科克托在一份有利于阿拉贡的请愿书上签名——阿拉贡因为散布虚假消息被取消了选民证。科克托还作为运动的领导人参与了解放罗森博格夫妇的运动——他俩被指控向苏联提供原子弹。但是在私下里，艾吕雅却以科克托在占领时期的暧昧态度为理由，让毕加索和他保持距离。当他们看到科克托从他新的赞助人弗朗辛·维斯韦勒的帆船"俄尔甫斯"号下来时，艾吕雅在圣特罗佩的草坪上威胁他说："你不要去和他打招呼。"毕加索反驳他说："你不高兴可以走开。"但毕加索又不想惹怒《伦理课》的作者艾吕雅，所以每当他们二人都在，他就和科克托保持距离。

作家很痛苦，远离画家的他感到自己就像没有了盐、胡椒和芥末。对于毕加索来说也是这样：他三十年来的密友难道不是他作品最好的解读者吗？艾吕雅的文笔虽然令人欣喜，但是与马拉加人的狂野作品并不匹配。这位前超现实主义者巧舌如簧地恭维画家，但是身为"吞刀子的人"的毕加索显然价值更高。一开始在1921年的一期

《文学》杂志上艾吕雅不是给他的画作只打 2 分（满分 20 分）吗？而仅仅在那五年前，科克托不是发表了《毕加索颂》吗？

壳牌继承人年轻的妻子弗朗辛·维斯韦勒在开普费拉城堡的圣索斯比别墅于 1950 年向科克托敞开了门，这里离毕加索 1948 年居住的瓦洛里城堡仅一个小时车程。这个机缘又重新给了科克托走出半隔离状态的希望，他已经不能再寄希望于让·马雷了。年轻演员的离开留给他的悲伤又被一个年轻的南斯拉夫人的出现冲淡，科克托从洛林的煤矿中带他出来，让他做了圣索斯比别墅这"众神之巢"的花园园丁。此后，可爱的都都·德米特在 1948 年他拍摄的《双头鹰》中扮演了一个角色，成为他的小确幸。

科克托从奥尔加那里明白：只有通过毕加索的伴侣才能重新与他建立联系，但是多拉·马尔已经无法成为这个中间人。在发现画家依然与奥尔加和玛丽-泰雷兹来往，而且拒绝给他生小孩以免无辜的小孩遭罪之后，多拉在战争期间把自己关在萨瓦街的房子里，不断地画一组叫做"哭泣的女人"的自画像。毕加索太忙了，没有给刚刚进入他生活的年轻的弗朗索瓦兹·吉鲁画像，她竟因此陷入严重的抑郁之中。

比他年轻四十五岁的吉鲁并不认为自己有多少女性魅力，她唤醒了毕加索身上的模糊性——我爱她仿佛她是一个男孩，他承认说。她被允许待在大奥古斯丁街，而后又在瓦洛里城堡住了一段时间，像奥尔加、玛丽-泰雷兹和多拉·马尔一样给他的作品带来灵感。和她接触是诗人接触毕加索的最好方式，还必须找到合适的借口。"你想要什么？你什么都有。"1950年新年科克托在信中写道。但是他没有得到答复，这证明毕加索并不需要他。而且他一点儿也不了解他内心的想法：只有通过毕加索的日记，人们才能对画家对他的看法略知一二。

　　随着詹姆斯·洛德的到来，机会出现了，这是在1944年涌入毕加索工作室的美国士兵之一，科克托相信，毕加索迷上了他。詹姆斯·洛德对所有天才都十分爱慕，他准备和他的同伴贝纳德·米诺莱特一起待在自由城。毕加索鼓励他俩去敲开科克托在圣索斯比别墅的门，理由是和他说话可以使他们免于自掏腰包购买他的新书。这个计划进行得很完美。科克托对两位新访客十分客气，但当他们三人一起到瓦洛里城堡拜访毕加索时，他们重聚的希望却破灭了：因为现场一位默默无闻的摄影师唱了主角。科

圣索斯比别墅的壁炉，墙壁上的壁画是由科克托绘制的

克托只得到了一块陶瓷碎片，碎片上是一张隐约可见的粗鲁面孔，它唯一的优点是签着毕加索的大名——这种虐人的礼物是毕加索最喜欢赠送的，像一些人们坐在上面就会割伤自己的椅子。

毕加索可能很可恨，科克托这样想道。他一定要阻止所有人自认为对他必不可少。他早上鼓励一个人，是为了晚上更好地将他打击；他将自己出借，却从不真正献身予人。只有陌生人才不会抱怨他的待人方式和他的慷慨：其他的人必须学会忍耐。科克托在这方面的耐性或许很强，不过他不能接受自己还不如一个陌生人。作为毕加索35年以来的好朋友，他开始为这个天才艰涩而干巴巴的性格感到悲痛。他不知道画家因为詹姆斯·洛德带科克托来见他而严厉地斥责了他，非常之严厉，似乎科克托是从清理运动中被挽救的"难民"，而不是受到毕加索牵连的人。

《抱羊的人》雕像自1950年夏天起就屹立在瓦洛里集市的广场上。因为没有被邀请参加它的揭幕仪式，科克托非常失望，他与詹姆斯·洛德和贝纳德·米诺莱特一起坐在荣誉讲坛后面的一家餐馆阳台上，而毕加索、弗朗索瓦兹·吉鲁、艾吕雅和其他一些专家则待在讲坛上。他是否在每两段发言之间都用夸张的语调表达了他个人对雕像的敬意？弗朗索瓦兹·吉鲁肯定而詹姆斯·洛德否定。法国的季达诺夫——洛朗·卡萨诺瓦对毕加索的祝贺的话音刚落。科克托就向詹姆斯·洛德和贝纳德·米诺莱特发泄对画家的怨恨，对他而言，这意味着失格与背叛。"他总是很在乎毕加索。"一位好友说。

艾吕雅去世的时间正微妙。科克托受邀走在送葬队伍前排，在毕加索、阿拉贡和政治局成员的陪同下将灵枢抬往拉雪兹公墓。"乐队演奏了在维克托·雨果葬礼上演奏过的一支曲子"，科克托1952年底在日记中这样写道，自1943年他母亲去世，这本日记就成为他倾吐秘密的日记。他在日记里记述他朋友们的言辞，带着苦涩的话语已开始影响他文学上的判断力。但是他在"乐队"中醒目的位置给毕加索留下了好印象，此时画家正在寻找一位新的桂冠诗人。阿拉贡？不可信，且与马蒂斯走得太近。此外他也总是向他朗诵他的诗歌，并试图把他带到他的那些宣传活动中去。莱里斯？非常优秀的散文作家，但是个受虐狂，此外，莱里斯的妻子是一个有他作品的画廊主，这人对他而言太阴郁了。

马克斯·雅各布在第二次世界大战结束时去世，阿波利奈尔在一战时去世，科克托似乎是最后一个给他唱赞歌的人。用投枪的斗牛士喜欢被崇拜，而他的关系网遍布全球：他没有一天不收到来自制片人的合作提议，或来自电影人的拍摄关于他的电影的申请。莱里斯的批评的坚定会更多地限制毕加索，但是科克托在赞歌之外增添了某种情感。这样一来，在经过二十七年地位的衰落之后，作家又在国王的宫廷中得到了桂冠诗人的称号。

日子已经定下来了，弗朗索瓦兹·吉鲁开始跟他谈他到来的条件。如同在巴黎，如果访客希望向布拉克致敬，就要先向毕加索致敬；科克托进出瓦洛里城堡也有特殊的条件，条件就是配合毕加索的日程安排，他早上一直睡到十一点，并从下午三点一直工作到晚上十一点，晚餐后休息一会儿，然后继续工作到凌晨两三点甚至六点。"像懒

猪那样的人从来都不是我的朋友"，每当人们尝试打破他
这个日程安排时他会这样回答，布拉克是最后一个他可以
等上一会儿的人。

在公众场合，毕加索尽力确保自己是一个和其他人一
样的人。私下里，这位公开的共和主义者满脑子都是约束
他放纵生活的长幼尊卑制：保护这位短衣尊主的仪式如同
普鲁斯特在生命即将结束时对科克托的所作所为那样扭
曲。就像他洗濯船上的同伴扮演波德莱尔、德加和库尔
贝，以便更好地批评彼此的画作，毕加索则总是在"重
复"和弗朗索瓦兹·吉鲁的约会。如果有画商要来，年轻
的女艺术家就扮演犹豫不决的毕加索，而毕加索则扮演那
个急切的买家，他们这样来预测画商真的到来时的反应，
以抬高画的价格。"毕加索会让你的姿势极难看"，科克托
这样肯定地说，如同在说一个柔道运动员。

毕加索仍然有可能在最后关头改变主意，科克托在真
正前往拜访之前都需要克服自己不祥的预感。当拉本特利
带着他和弗朗辛穿过别墅大门时，他担心会遇上一群不识
时务的家伙，他们占用毕加索的时间并夺走他一幅画，然
后两个人各自开始内心的独白，情况变得像他们初次见面
时那样异常艰难。"因为他的霸道，他希望另一个人在他
面前是透明的"，弗朗索瓦兹·吉鲁这样评价画家。尽管
如此，一旦毕加索知道了自己想要知道的内容，他就重又
变得喧哗、爱操控人并失去兴趣。在这种气氛下很难
放松。

活泼好斗的弗朗索瓦兹·吉鲁在科克托身上发现了
一种真正的人情味，这是毕加索唯一不显摆的领域。就像

以前的奥尔加，她在毕加索身上施展权力，为他安排社交生活，以逐步巩固自己的地位。她做得比以往的对手都更加漂亮，"在爱情上，你受制于大师"，布拉克对毕加索这样说道。她对一个从文学炼狱里走出来的年轻人敞开大门，但是为了避免画家燃起占有欲，又装出一副无比中立的态度。毕加索又开始喜欢前来拜访的科克托。"他装得很像一位安达卢西亚农民，他的这一侧面对小资产阶级科克托的做派感到一丝崇拜。"贝纳德·米诺莱特这样写道。

拜访几次瓦洛里城堡可以把事情彻底解决。"和毕加索在一起，我感觉像在自己家"，科克托在日记中写道。他一眼就能认出受马拉加人降伏、进入他的图画的各种物品，如同他认出普鲁斯特在《追忆》中塑造的各个人物形象。毕加索仍然可以从一副面孔中提炼出新安格尔式的美、一幅忧郁的漫画和一幅后立体主义的拼贴画，他找到了参与某种特别的"创世纪"所带来的令人迷醉的快乐。毕加索比以往更常将画带入草稿的状态，他假装笨拙，以消除学院派的一切痕迹。堂·何塞精心绘制的鸽子变成了和平主义者在各国政府前挥舞的、嘴里衔着橄榄枝的鸽子。弗朗索瓦兹·吉鲁刚刚诞下的小帕洛马，名字的意思就是鸽子。在接近七十岁时，毕加索在身边又找到了童年，他惯于杀死惯性。

科克托不吝于赞美画家主宰形式和材料的完美能力，全世界的餐盘被打碎而又被组合，被这双仙女般的手变成了金子。黄麻袋和木梳子成了他的财产，然后被挂到画廊的画框里。他的天才是如此突出，科克托在瓦洛里的工作室里欣赏了《战争与和平》，他忽然感到外面的现实世界

毕加索和女儿帕洛马，1953 年

苍白、暗淡、愚蠢，是已死且没有光的世界，仿佛毕加索这个创世主超越了另一个创世主。在谈到绘画史时，毕加索坚持说尽管他没有攀登到顶峰，但他打破了所有条条框框。科克托也证实说：马拉加人并非想达到目标，他本身就是一场运动。

　　被盛誉的毕加索重又满怀激情地投入工作中。他如同一台机器那样高速运转，画室里摆满了杰作，科克托渴望成为这些画作的第一个观赏者。他通过信件、电报和电话预约见面，毕加索首先排除了去科克托所在的圣索斯比城堡的可能性。科克托给弗朗索瓦兹·吉鲁打了许多电话，以引起毕加索的嫉妒，否则毕加索可能完全无视他。"我是穆罕默德，"毕加索说，"大山也要自己过来见我。"

如同1917年从意大利回来时那样，科克托重新开始颂扬一个作品像"不老泉"一样作用于他的画家。他自豪于能从心中的宝藏中为他所珍爱的大师拿出几张证明信，并在公众面前再次戴上桂冠诗人的王冠。他于1953年回到罗马举办了关于毕加索的讲座。在毕加索的展览上他总是有想亲吻墙壁的冲动，创作的本质在此以欢快的方式呈现：马拉加人确实是有史以来最伟大的画家。

无法不创作的毕加索、只有在休息时才感到疲倦的毕加索，他已经为自己新造了一个自我。他也在不断地更新自我——他为奥维德的《变形记》画插图不是偶然。他也知道要和自己的作品保持距离，好像作品是别人的——"我觉得这些画看起来不错！"他在看以前的画作时突然这样说道。两个人都是靠绘画或诗歌自我赓续的普洛透斯①，而那些勤劳的人总是在念叨同一桩事——"在欣赏布拉克的画作时，可以前所未有地感觉到毕加索的科克托面"，让·波兰②在战前这样说道。忠实于立体主义，又将之布尔乔亚化，布拉克彰显了小丑的两类亲缘关系：一类叫做混得不太好的诗人，另一类叫做堕入歧途的画家。

在一次开幕仪式的混乱场面中，毕加索在镜头前拥抱了科克托。以前毕加索很少提到科克托的写作，但这一次他却说，他由衷地钦佩他为他俩青年时代所写的奇妙文

---

① 普洛透斯（Protée）：希腊神话中的早期海神，变化莫测的外形令人无法捕捉，他只向逮到他的人预言未来。

② 让·波兰（Jean Paulhan，1884—1968），法国作家、批评家和出版人，《新法兰西评论》（NRF）主编。

章，一下子将他提高到高于所有同时代人的地位，甚至超过艾吕雅。似乎他的不闻不问需要一种担保才能转换为赞扬，他对科克托说："很高兴我和你一起在这儿。"然后他在麦克风前大声说，成为他的朋友让他感到幸福。

这句话足以让科克托相信：自己是唯一一位毕加索认定的水平与他相匹配的作家。毕加索难道不是在他那里认出了一种对创作行为的亲密理解吗？阿波利奈尔的能力未被承认——"他一点儿也不了解绘画"，毕加索对马尔罗说。他被马克斯·雅各布和阿波利奈尔描述成了一个谜、变得越来越神秘，而现在他终于可以释放自己的能量，来见证自己视觉艺术的强大："在白云中钉一颗钉子"，他说。一切都写在上面，但很少有人会阅读，他俩这样想。

直到那时，科克托都对画画这件事情感到恐慌。绘画似乎在对他说不，好像会被他污染一样。毕加索突然鼓励他作画，他因此开始在他在学校里用的画架前安顿下来，就像儿时和父亲学绘画时那样。为了鼓励他做作品，毕加索介绍他认识了在瓦洛里城堡烧制陶器的拉米埃夫人，也鼓励他学做陶器。科克托没有弄砸任何一个盘子的雕花，他的考试结果令人满意。但到了他负责在上面绘画的时候，毕加索交代拉米埃夫人在盘子的背面写上"毕加索出品"。这让科克托失望，因为他希望被完全认可。

作家受到毕加索的认可的鼓励，将他闪光的签名、传奇般的头像和木匠般的双眼印在一堆杯子、丝巾和陶瓷器皿上。他将自己的手法和偶像比较，这使得他涂鸦的快乐加倍增长。对他们来说，意图没有实际操作重要，他们学会了将工作过程中的一些小出入也包容在作品内——墨点、错划的线条、受飞机扰动的某个平面——从而得到了非常令人惊讶的从实验中来的知识。"真正的力量通过我们的错误传递出来"，科克托在《安魂曲》中这样肯定地写道。

　　他们之间的对比又加强了相互之间的渗透。在战争期间毕加索曾经将自行车车把安装在座位上、锻造了一个牛头，科克托给斗牛士配了一幅画牛角的画。弗朗辛·维斯韦勒夫人的睫毛在他的铅笔下比毕加索笔下弗朗索瓦兹·吉鲁的睫毛还要令人目眩，但是毕加索原始的力比多野性仍然主宰着他。弗洛伊德的整篇文章不是都在讲达·芬奇绘画中无处不在的秃鹫所表达出来的潜意识中的欲望？不需要躺平在沙发上就可以看出毕加索在绘画中用克里特人崇拜的人身牛头像表达了色情，他认为自己就是这个怪物；他希望他那些手臂下散发着香气的裸体在每幅画中都能表达出性对他是多么重要。在 1920 年代科克托能够画出精彩的色情画，但超过六十岁的他不再幻想自己能像在罗马时那样，在这方面与毕加索匹敌。他满足于给画家邮寄色情明信片，希望这有助于保持他的活力。弗朗索瓦兹·吉鲁在等待一个小宝贝出生吗？毕加索已经告诉科克托小克洛德会很棒，就像所有毕加索的产物一样：这只公牛有个金子做的屁股。

　　吉鲁比以前的女子更加热情洋溢，科克托感到他又找回了在罗马和毕加索旅行时组成的那个"小家庭"。她的个性让她在任何时候都能回答大师的提问，她对形式有着敏锐的感觉："当让·科克托与你面对面时，他仍然是在用侧影对着你。"她说，"而当毕加索用侧影对着你时，他如同与你面对面。"这两句话都说得不能再好了。

关于毕加索的一切都已经被说过了，科克托知道这一点。但是这种局限使他以一种更激进的策略赞美画家，画家懂得用本来只在一些批评家的小圈子里流传的作品征服世界，他将兰波的野蛮和雨果的力量结合起来。作家喜欢毕加索如同他希望自己被爱那样——是以一种极端的方式。当他听到画家对他说喜欢他的电影时，他是多么高兴，而后他又补充说："诗人画的画通常都很糟糕"，他表示自愧不如。当毕加索对着他们在瓦洛里做的瓷器兴叹道，"只有他和我有这样的才能。"科克托就陷入了狂喜。他的老朋友重又张口闭口都在说，"我总是在想着你。"并且还虔诚地感慨："无论你在天才的哪个阶梯上，请给我一点点你的思路。"

就像在1916年那些最好的日子里一样，他被文本、图画和诗歌包围，毕加索有时会借用科克托的一些说法。他也会说"艺术是一个说真理的谎言"，而他的画笔下"满是精神的错觉"。他也将自己归入了科克托所说的"抓住不可能的人"的群体，并且他说"我不寻找，而是找到"，这句话与西班牙人①紧密地连为一体。热内可能会指责科克托创造了那些他假借毕加索之口说出的话，从而使他们两人都令人崇敬；诗人以帮他的朋友们增光添彩为乐，比如他借可可·香奈儿之口所说的"时尚就是那些过时的东西"，这是他的名言中最有名的一句。"这就是寓言作家们的角色，让动物们开口说话"，科克托补充道。

---

① "先找到，再寻找"，这句话是克里斯托弗·哥伦布说的。——原注

　　这种掠夺不仅停留在文字上。马拉加人在 1952 年画的一系列巴尔扎克肖像画以令人困惑的方式让人想起科克托从 1948 年起画的素描——只不过毕加索在变形和奇特化方面走得更远。"所有艺术家都是小偷，"弗朗索瓦兹·吉鲁在提到毕加索这个时期时这样说道，"而且给予者是科克托，小偷是毕加索。"科克托喜欢给毕加索灵感，而毕加索在实践时狼吞虎咽，两个人都各得其所。经过这样的提升，马拉加人全速运转，不再为自身之外的东西担忧。"毕加索有幸永远当毕加索"，让·热内这样写道，科克托也为此感到骄傲。

　　被财产和他系统的理念所保护的毕加索得到了华尔街和克里姆林宫的支持，画家身上叠加了反抗的尊荣和荣誉带来的利益。"自由世界"的博物馆和画廊不断地购置他的画作来丰富馆藏，而"民间的民主主义者"们则历数他为和平做出的斗争和决定性的贡献。他的绘画并不传递任何信息——"我不是电报员"，他嘟囔着，这只能被解读为对这个世界本来面目的反抗的呼声。摩纳哥的兰尼尔亲王和罗斯柴尔德家族是最早购买他画作的人。阿利·汗亲王[1]、莫里斯·多列士[2]和日本皇帝都站在他身边和他合影。莫斯科、纽约、日内瓦和圣日耳曼德佩在这一点上达成了一致：毕加索是 20 世纪的天才。从迈阿密到符拉迪沃斯托克，整个世界都在运作着一个既无带薪假期也无罢工的"工厂"，这是美国式泰勒制在苏联的斯达汉诺夫

---

　　[1]　阿利·汗（Aly Khan, 1911—1960），巴基斯坦大使。

　　[2]　莫里斯·多列士（Maurice Thorez, 1900—1964），法国共产党前总书记。

运动中的胜利。在批评界和市场结合起来以后，印象派和野兽派都被排除在外，只有毕加索的名字能让市场变得炙手可热。在沃霍尔之前，来自柯蒂斯的小画家的儿子就将美元符号和工农符号结合在一起，来催生某种只对他自己有效的共通符号，更接近自由主义式的抽象而非社会主义式的现实。"他靠黑色和红色赚钱。如果零蛋出来，他甚至靠零蛋赚钱。"科克托这样写道。

毕加索受到他在世界各地激发的恐惧和拜物崇拜的支持，不再害怕他的对手们。他们战胜了在内心深处涌起的挫折感，是第一批跑来向这个他们嫉恨的对手表示赞扬的。批评毕加索？这像迎风撒尿一样，只能品尝到苦涩之感。图腾变成了禁忌，他就像创世主朱庇特，是唯一一个能说他自己的作品失败了的人，然后他用让所有人发笑的谦虚说："像上帝一样，我也会犯错。"

毕加索的荣誉在某些方面出现了令人难堪的转折。当他把自己最好的画锁在银行的保险箱里，佩戴猫眼眼镜的女士们会提前几个月通过画廊预订，甚至不需要亲眼看到这些画，——"如果我购买了苏伊士运河，我可不会亲自去运河边。"一个美国投机者这样不耐烦地说道。大餐馆求他在餐巾一角签名来付餐费，而沙滩巾背面有了他的涂鸦就不会再被清洗：全球有成千上万的粉丝前来采访这个名人、参观他的工作室、购买他的画作。在有政府、博物馆和苏联人做担保的前提下，资本快速地累积——马克思也会哑口无言。

抒情抽象在美国的兴起让毕加索有点过时了，他在1942年的布拉克展上对弗兰曼克坦言"我过时了"。美国批评家克莱门特·格林伯格刚刚赞誉了波洛克，在世界各地到处宣称某种严格的非形象艺术的兴盛和毕加索主义的衰退。但谁敢对画家说：他用中国墨汁画出的牛头人身像比科克托的俄尔甫斯或纳尔齐斯更老套呢？此外，毕加索也否认抽象艺术的存在："如果一幅画是绿色的，那么它的主题就是绿色。"

学院派掌门人对他的持续敌对再加上他的画在公众中引起的常识层面的不满（"我的小侄女也会画同样的画"），给他带来了很多嘲讽："我情愿忍受寄生虫而不是毕加索的颜料盘"，上流社会的画家让-加布里埃尔·多梅尔格这样讽刺他说。马拉加人持续地受到来自各方面的匿名侮辱，1955 年他居然收到了一个装满粪便的小棺材。在社会主义阵营里也有一些来自官方的反对声：1957 年巴泽利茨①因为模仿了毕加索的画法而被逐出东柏林的一家美术学院。但是这些评论难以穿越一道防守严密的铁幕，却反向验证了支持毕加索的联合势力的强悍。公众庆幸于克服了对这位"引起轩然大波"的画家的偏见，即使他们在他的画作前只会感到尴尬和无聊。画出一幅杰作会令他十分满意，他可以为此吞下所有的保留意见、全心投入工作——但一切都似乎在衰退。

在走出毕加索的工作室时，普鲁斯特对塞莱斯特说他一点儿也不懂毕加索的作品，但在三十年后，又有谁敢这样说呢？最狂热的拥戴者们说，毕加索是以新方式观察世

① 巴泽利茨（Georg Baselitz, 1938— ），德国画家，是身价最高的在世画家之一。

界的先锋，而最悲观的人们也认为他是对西方艺术了如指
掌的最后一个画家。他工作一天比一个工人进行一辈子异
化劳动赚得都多。仅凭一幅画作他就可以买下梅内尔伯①
那座多拉·马尔时常独自待在里面的房屋，而他的画作的
市场溢价已超过百分之二十。全球最大的工会请求他为他
们在布拉格的年会邮寄一幅画作，瓦洛里的陶瓷商也在差
点关门之后取得了不菲的经济效益。当时人们还不知道后
来会有十家毕加索博物馆，每年有数以万计的游客蜂拥而
至，但人们毫不怀疑他的未来：太多的画商和经纪人支撑
着他的市价，使其从不走低。稀有会导致囤积居奇，但毕
加索越是勤奋多产，就越富有。

　　从《巴黎竞赛报》到《生活》，报刊杂志紧密跟踪报
道他的一切。每个人都知道他新伴侣的名字、他的狗兰普
的健康状况和他绘画作品的价格。斗牛赛只要有他出席，
现场就挤满了前来观摩这位声望永远在爬升的巨星举动
和言辞的民众。毕加索致力于发掘自己的天分，他比任何
时候都像《游行》所献给的那块不可撼动的石头——他是
科克托的反面，也是科克托的镜子。

　　但是作家总是能够重新获得名誉。青年时代，他靠占
领时期的《永恒的回归》与解放时期的《美女与野兽》取
得成功，焦急地等待着《可怕的父母》被搬上银幕。他在
1950 年代数次领导的戛纳电影节评委会总是把他放在
《巴黎竞赛报》的头版头条。在意大利和德国巡演中备受

――――――――

　　① 梅内尔伯（Ménerbes），法国普罗旺斯-阿尔卑斯-蓝色海岸大区沃克
吕兹省的一个市镇。

追捧的他会讲意大利语与德语，他在美国课堂上被讲授，他的第一部实验电影《诗人之血》在纽约被不断地放映。但是他没有取得毕加索那样令人敬畏的权威。超现实主义者和极端分子们对他的批评令他处于十分尴尬的地位，任何一个文学评论家都可以对他不敬。这个走向衰退的明星的地位不再那么显赫，即便他有时仍以睿智的言辞吸引人们的注意力。

此外，科克托在生活中也是入不敷出，尽管他一年中有部分时间待在圣索斯比城堡。1950 年他在城堡的墙壁上画满了涂鸦。有人经常在背地里指责他这种奢侈，尽管巴黎自战争结束以来就面临着住宅问题，但没有人想到要毕加索交出他在拉波埃蒂街的两套房子，自从奥尔加走后这两套房子都空着。他一边像走向喷泉那样肯定地走向共产主义，一边在任何情况下都实施着自由交换的法则。他让画商之间相互竞争，一批人等在工作室门外，必须等前一批对手走后才进来，他对情妇们也是如此，常常逼迫她们接受并不如意的同居条件。他被精心地侍奉着，女人们的你争我夺常常让他可以安心地从事创作，那些强大的可以帮助他摆脱那些羸弱的。"对于我来说只有两种女人，一种是女神，而另一种是刷地毯的"，他这样主动承认道——在几年里这经常会是同一个女人。

除了房子，毕加索大概什么也不买，他也没有什么其他的乐趣。科克托有时撞见他穿着短裤和拖鞋站在杂乱无章的工作室里，与 1915 年在坎帕涅-普雷米耶尔街时一样。没有人有权指责他的这种混乱，这显示出艺术家仍然保持着年轻时波希米亚时代的激进，而毕加索只要打开他

《诗人之血》的海报

的爱马仕行李箱就可以放心地数工作挣来的钱——超过五百万法郎。

有时候科克托觉得命运不公。记者谈到毕加索的作品时会感觉自己脸上有光，轮到祝贺他的诗歌时却会感觉在自贬身价。人们指责他的好口才，而当他让人们笑出眼泪时，人们称他为滑稽演员。当他焦急地寻找光明时，雷电往往会降临，而当他隐蔽起来时，人们会认为他已经消失了。"人们提前预告，你的作品会是成功的，"他对毕加索坦言，"而人们预言我的作品是令人生厌的。这多么让人不愉快！"毕加索谦让两句，然后又拿起他的画笔。而科克托又开始他繁重的劳动，"生产、生产、把东西堆起来，然后失去它们、被偷窃，这就是我的命运。"而当人们不偷他时，他只能用"给予"来换取一点点感激。这就是他的业报，就像毕加索的命运是累积财富。

有时候他多么希望他俩的命运能交换一下。抛弃自己空信封般的皮囊，拥有像马拉加人那样健硕的身体……

在一年一度的盛大斗牛节上，斗牛现场变成了他们展示友情的剧院。无论是在尼姆、阿尔勒还是瓦洛里，他们走进斗牛场的这一程总是被一群人跟着：吹笛子和打鼓的人、骑在马上的牧马人和步行的粉丝、戴帽子的茨冈人和盛装的阿尔勒少女——大约二十个人，还有一些要钱的。人们看到他们在"皇家"看台上屏住呼吸观看连续劈刺。牛头人身者与投枪斗牛士的心此时紧密相连，在可能发生的死亡面前——直到胜利者将牺牲者的耳朵扔到他们面前。毕加索将表盘的十二个时辰印着他名字的十二个字母的手表扔给斗牛士，科克托再加上自己的劳力士，因为劳力士太便宜，弗朗辛夫人又将自己的祖母绿耳坠扔给斗牛士。

在尼姆的街上和北松酒店的阳台上，他们两人变得像鲍嘉①和巴考尔②一样有名。人们喜欢接触他们，仿佛他俩是带来幸运的吉祥物，人们像对待斗牛士那样将他们送上领奖台。人们要求和他们合影，并索要签名，他们被迫躲到毕加索的收藏家朋友道格拉斯·库伯在卡斯蒂耶的城堡里。他们有时会在那儿碰到米歇尔·莱里斯③，他将作家面对真实生活时所担当的角色比作斗牛士面对牛角时所担当的角色。

斗牛术开始让科克托感到厌烦。1918 年他充满恐惧地写到一只被插满剑的倒在血泊中的公牛，舌头伸长在沙地上，倒在满心欢乐、满身血污、在替罪羊的蹄子前跺脚叫喊的西班牙人身前。但这在 1923 年给了他灵感，使他画出一幅后来收在《绘画》里的铅笔画，并把这幅画题献给毕加索。自那之后，他学会了从满身是血的牲口在最后的痉挛中结束生命这一事件中找到残忍的快乐。这大口喷涌的血让他心醉神迷。他的自我在角斗场上消失了，只是从屠宰场上被砍头示众的牲口那最后的生理反应中感到了恶心。毕加索对多明金坦白说，如果不成为一个画家，他愿做 个骑马的斗牛士；而投枪斗牛士等同于垂死的野兽。

---

　　① 鲍嘉（Humphrey Bogart），美国电影演员。
　　② 巴考尔（Lauren Bacall），美国电影演员。
　　③ 米歇尔·莱里斯（Michel Leiris, 1901—1990），法国作家、诗人、人类学家和艺术批评家。

牛栏长期以来是毕加索无心世界的心脏，科克托变得对斗牛极为熟悉。斗牛士明艳的服装中的那种女性化几乎胜过了给他信仰和勇气的野兽那易被激惹的雄性：瘦弱的忒修斯①已经战胜了弥诺陶洛斯。但他的美术才华在1950年代却在走下坡路，他最好的画都带着连续劈刺的生动色彩。

当画家穿上斗牛士的服装——绣花的衣服和斗篷——来主持他在瓦洛里举办的斗牛盛会（规则是不杀死牛），且亲自到卡马格挑选公牛，公众就想象着他真的扑到斗牛场上，但是毕加索可没有傻到去冒这个风险。科克托满意地打扮成牧牛人，也就是在斗牛场上把牛群聚集在一起的人，他的变装很自然，他穿上这身服装去到伊比利亚半岛时甚至很容易被当成西班牙人。但是人群欢呼的对象是强大的毕加索，当他挽着弗朗索瓦兹·吉鲁的手臂出现时，一个穿比基尼的女人在如云的摄影师镜头前扑过来搂住他的脖子。人们时不时地把他比作斗牛士和胜利者，而科克托则陪伴在美丽而富有的弗朗辛夫人身边。他只是伊比利亚神话里的一个小配角。

时间流逝，毕加索也可以让一切就随它去了。当别的孩子在骑小马时，这个早熟的天才躲在角落里画画，在他70年的生命中，他总像是活在一个"普通"的童年中。喜欢开玩笑和东拉西扯的毕加索鼓励科克托制造一种使人欢笑的气氛。作家追忆着他们青年时代共处的时光，这

① 忒修斯（Thésée），传说中的雅典国王，解开了迷宫，战胜了弥诺陶洛斯。

些时光也激发了他出色的、亲爱的朋友创作出最璀璨的珍珠。作家又找回了在 1905 年曾让他母亲的朋友们欣赏的模仿能力，普鲁斯特、萨蒂和斯特拉文斯基又回到了他的嘴边，而克洛代尔正用刺耳的声音批评纪德作品里那些装饰性的小玩意儿，战前所有的大作家都聚集在毕加索的庭院中。

画家接受了"科克托电台"的一次采访，他一边回忆着特里斯唐·查拉①所引起的风潮，时而用一种他们几个人发明的语言骂上几句。对他们青年时代达达主义的回忆似乎表现了先锋派的两面性。1956 年他们做了一张很好玩的碟片——《毕加索说》。在他俩相遇时弗朗辛夫人和吉鲁还没有出生，听这两位活着的传奇谈论 1920 年代是多么快乐的一件事。他俩和阿波利奈尔与萨蒂一起创作了《游行》，和斯特拉文斯基一起待在那不勒斯：以他俩的活力和奇思妙想成为开启这十年黄金时代的象征人物。

科克托将他的消遣分享给毕加索，他告诉他狂热崇拜他的意大利女人法里尼夫人的消息。出于对《骗子托马斯》的作者科克托的丰富想象，这位喜好幻想的侯爵夫人玩弄了很多花招，她要求见画家，并暗地里怀着在瓦洛里城堡住宿的期待。科克托给毕加索看了许多这位富有的日内瓦鞋商的寡妇写给他的书信，信中倾诉自己无法按捺的仰慕之情，行文中的学究气让房子里所有人的眼泪都被笑声取代：法里尼夫人附庸风雅到只听勋伯格，对苏联狂热

---

① 特里斯唐·查拉（Tristan Tzara，1896—1963），罗马尼亚裔法国诗人、散文作家。

到用绝食行动来支持斯大林。艾吕雅下葬还不到三年，两个朋友之间的气氛又回到了当初《游行》时期那么欢快。

受到卓别林世界级的荣耀影响，毕加索也开始用圆顶礼帽、小红球和小胡子奇装异服地打扮自己，科克托看到他这样转着手杖就觉得很逗趣。自从在一艘船上遇见卓别林，科克托就无比崇拜他。两个人一起表演卓别林被踢屁股或打耳光的名场面。因为人们大笑，毕加索又利用自己猴相的脸进行更多的变装：一会儿戴上苏族酋长的毛绒帽，一会儿是黑人部落带羽毛的面具；他变成吹笛子的牧神、拒绝迎娶英国玛格丽特公主的教皇的儿子。这个小丑容光焕发，承认花费了很长时间来让自己变年轻，他骄傲于忘记了父亲曾经教的画法，而是像小孩子那样画画。

欢乐到达了顶点，毕加索穿上一件他祖母的睡袍，像一个快乐地用脚点地的吉普赛女人——这种弗拉明戈可以让科克托旋转起来——然后突然变成了一个满嘴脏话的美国老太婆（奇装异服解放了他身上野蛮的本性）。弗朗索瓦兹想，他是在跟马克斯·雅各布或某个英俊的吉普赛人在演戏——他喜欢称自己为体面的同性恋者。

科克托年轻的情人都都和弗朗辛夫人的女儿卡罗尔高兴于看到这两位大爷扮牛仔、把手指竖在脑袋上当牛角。毕加索则抓起一把调羹、一块抹布和一件披风来扮演斗牛士，迫使作家四处逃窜。从疯狂年代里出来的这两个逃犯相互支撑、抵抗不可抗拒的年华老去。他们身上的格子裤让人想起《游行》里聚集的小丑，那是他们青年时代的同代人。

在这一对怪异的组合中，到底谁是小丑，谁是国王呢？——在属于两个人的一百四十年时光中？问这个问题是不敬的："喜欢讽刺别人的毕加索不会欣赏他人的幽默"，弗朗索瓦兹·吉鲁这样写道。在一些人看来，科克托变成了"国王的疯子"，而毕加索让人想起随时代变迁而变成至高无上的主人的小丑。用"劳莱与哈台"①来形容他们的超能力无疑更好——一个是虚无主义的小丑，一个是不断变化的、抑郁的氛围制造者。

科克托绝不允许自己取笑他既崇拜又害怕的画家：让马拉加人免受批评的潜规则从未被超越，至少在公众面前是这样，而和他平等的自己却没有享受这样的待遇。科克托虽然是一个比毕加索更细腻的模仿者，但他只骗得了那些相对简单的人，其他人似乎看到了其中的玄机。当巴纳姆马戏团的团长让他俩为马戏团的开幕盛典重新表演斗牛士这个节目时，他给毕加索 5 000 美元而只给科克托 2 000 美元。

---

① 劳莱与哈台（Laurel and Hardy），由瘦小的英国演员史丹·劳莱与高大的美国演员奥利佛·哈台组成的喜剧双人组合，在 1920 年代至 1940 年代极为走红。

科克托为毕加索和斯特拉文斯基绘制的漫画，1923 年

玩世不恭的人

科克托带着瓦洛里城堡的王子送给他的瓷器回到圣索斯比，成了受弗朗辛夫人的客人们盛誉的人。佣人们为他排忧解难，使他专心地写作、制作小瓷器和绘画，他画的地毯图案难免让人想到毕加索的影响，但他只是在画他自己的神话题材。那样的结论无疑是不公平的，不过他也激发了都都的艺术天赋，可以说，他实际上是他的养子。

不管他们是在比赛滚铁球，还是在俄尔甫斯船的船头晒太阳，他都是一个驯顺的天使——与脾气暴躁的拉迪盖截然不同。在科克托每天的鼓励下，可敬的星期一画家（这是科克托给他取的绰号）进步很快。他天真的画作表现出无所欲求的良好意愿，科克托认为其新鲜感是个奇迹，他到处向人夸赞他的天然。

都都被把他从煤矿里带出来的魔术师的赞誉所鼓励，他被赋予了超人的品质，就像从前的马雷。一开始他被比作亨利·卢梭——天真派艺术之王，尽管实际上他开始画画的时间比卢梭更早，后来他竟然被与维米尔相提并论。他自己视科克托为20世纪隐藏的恒星，新时代的伟大天才。两人借助相互反射的镜子彼此美化，全然忘记了对方的缺点，像童话《利凯小簇》里那样：没有比这更为温柔和幸运的偶像崇拜。

与将科克托带回他的自我的文字不同，绘画让他摆脱了存在的痛苦，使他成为自己画的画和涂鸦的白纸。工作解除了他的疲劳，在圣索斯比的松树下麻醉他，他非常享受周围植物的绿色。弗朗辛夫人有时也在"都都大师"（这是科克托的戏称）的指导下绘画，"大师"则以未成年人的骄傲来培训这位富二代。科克托也开始鼓励这个年轻女人作画，而下午才醒来的都都则会在午后捉着她的手腕教她上色。附近的别墅里都在进行桥牌赛；而在晚香玉的香味包裹着的索斯比别墅，他们三人在交相称赞中画着油画，在这座睡美人的城堡中。"我喜欢他人，我只通过他们而存在。"诗人在他的日记中这样写道。

都都是他那一代最好的画家吗？如科克托所说的那样？可能并非如此。但是人们很难不去相信这一点，因为阿拉贡在公开场合宣称"这个年轻人的画作是世界上最寂静的"。他的天真难道比不上已封圣的画家们的犬儒主义吗？在一位与他父亲一样低调而平凡的画家的抚慰下，科克托终于过上了幸福的生活：圣索斯比沉浸在一种不真实的天使氛围中。科克托在日记中写道："我在这世界上最显贵的是配得上做这两个超凡人物的朋友。"

回到瓦洛里之后，科克托向毕加索夸耀都都的才能。他的赞扬让人想起马拉加人是如何夸赞马雷和拉迪盖的："与你相比，这是一位革新的画家。"科克托肯定地说道。马拉加人被这巨大的红布激怒，强迫羸弱的投枪斗牛士注意他的言辞，不许他建立起这样的比拼。科克托抱怨画家不愿意听同行之好，对他的流派一说也加以指责。

　　科克托对贝尔纳·巴菲的称赞是多么过分啊，对他有时出于仁慈而夸奖的其他小画家也是如此。毕加索用他的黑眼睛直视着他，然后把他往门口推，并用父亲常说的那句俏皮话说："朋友们离开我时才是我爱他们的时候。"科克托自认为他对抗毕加索是对的——"他一感到受到威胁就逃走，"他补充说："但是每当一个很糟糕的人冲他叫喊或骂他时，他马上变得像头小绵羊。"对此，他也无能为力。他满心是血地躲到弗朗辛那儿，和都都一起无聊地嚼舌根：只有他们能让他忘记西班牙人的恶语相向。

　　普罗旺斯的天空又阴沉了下来。两幢别墅里，人们传播着关于伴侣、情人和朋友之间的各种谣言。人们告诉科克托，当着吉纳维芙·拉波特和一群人的面，毕加索针对他说了些什么话："所有艺术家都是女人，因而也是同性恋。男同性恋者不可能成为真正的艺术家，因为他们喜欢男人。而因为他们也是女人，他们变得平庸。"科克托从朋友那里得知毕加索背后喊他驼子，每当他出新书或发表

毕加索与科克托，1956 年

一幅画，他都会指出"驼子的缺陷"——没有任何赞扬，可见马拉加人的小气。一个"好心的"朋友还告诉他说，有一次毕加索对来访者说："科克托写得最好的就是序言。"好像他半个世纪以来没有任何坚实的著作，只是一个影子的回声——《游行》。这可是除萨巴特和布拉克外他交情最久的朋友！

他俩在 1953 年几乎已经闹翻了。科克托在前往西班牙之前来向他道别，而只要弗朗科还在位，毕加索就拒绝回到西班牙。号召抵制弗朗科政权的画家狠狠骂他了一顿，他则在心里骂他是野蛮人。毕加索仍然是穿着拖鞋的公牛，1917 年科克托在给他的信里说："我祝愿你获得你的天才所配得上的一切，有一天你会明白你忽视了怎样一个朋友。"毕加索几乎对任何事都满不在乎。他们不久后就握手言和。科克托甚至被允许到巴塞罗那去看毕加索的妹妹劳拉，劳拉在一个糟糕的、有皇室气派的套间里接见了他，那屋子乱得和她兄弟家一样。

但是科克托不打算再打马虎眼。

他知道毕加索能够面对一切。他可以把奥尔加的脸撕得粉碎，在把玛丽-泰雷兹·瓦尔特从身边赶走后，他也在绘画作品中捣毁了她——"一幅好的作品应该插满剃刀"，他喜欢这样说。这两位伴侣的面部轮廓在他画笔下爆炸，鼻子和脸颊漂浮在一堆器官的浓汤中，她们成为只有弗朗西斯·培根可以匹敌的那种残酷的牺牲品——受虐狂。简直像从寄存的行李箱中取出的尸首——科克托这样评价《伊卡洛斯的秋天》，这幅毕加索 1958 年为联合国教科文组织巴黎总部画的壁画。

马拉加人不知道敬仰为何物，"敬仰别人等于抹杀自我"，科克托这样写道。他害怕别人在他生命中占据太多的位置，总是防备："对我来说你如同一粒尘埃，甚至不如。"当弗朗索瓦兹·吉鲁第一次参观大奥古斯丁街的工作室时，他这样对她说。"有时候他会对我很温柔"，"第二天他突然又变得像平时那样暴躁。这就是他所谓的'亲密生活'"。

毕加索的绘画不支持他所爱的人们，而是跟他们对着来——全然如此，就像萨沙·吉特里所说的那样——成为他的伴侣与被他抛弃是同一种剥离的过程。"孩子们来到这个世界上是为了吃掉我们。"科克托写道，"然后再被他们所生的孩子们吃掉，如此循环往复。但这场食人游戏的牺牲者很少会绘制无数张肖像以将魔鬼揭发。毕加索知道如何为自己辩护。"可怜的孩子，他总是认为他的作品先于他自己。"生一个孩子很容易！街上有那么多人们想要的孩子。"毕加索这样嘲讽道。结果是：小克洛德更喜欢马蒂斯——"真正的画家"——的画，而不是他父亲的涂鸦，并且他在信笺的落款处签"克洛德·马蒂斯"的名字。

毕加索的朋友们一旦与他疏远，就从他的头脑中消失了：其他人对他而言只是一面黯淡的镜子。"所有无用的人都没有什么地位"，当吉鲁向身边人提到这个在每件事上都争当第一的男人时，她将他比喻为一个把闹钟拆成零部件后无法把它们装回去的孩子。"强烈地去爱，并杀死所爱的人"——一位笔迹学家将安达卢西亚人占领时期的手稿破译出来。同时，毕加索不知如何独自生活，他有赖于周围人的奉献——"一个首领需要他的手下人",瓦莱里说。这样他才能让信徒们将他累积的绘画作品变成奇迹。但是他的信徒们败坏了他的品位:占领时期的笔迹专家这样说道。

害怕成为他们中的领头者的科克托宣称自己对此不感兴趣。"这位创造形式的大师没有任何诗意。"他对画家马克·阿沃说:毕加索不喜欢任何学院派的音乐,对形而上学也不感兴趣,而且与任何有点想法的人为敌。"他踩你的脚,"科克托补充说,"他朝你伸舌头,往你脸上啐口水,他揍你。他胡搅蛮缠。"梵高是现代绘画的圣人,毕加索则是现代绘画的切萨雷·波吉亚。

这位指责博纳尔走不出自己敏感的色彩的农民毫无远见,这是科克托的结论。在他的画作里没有灵魂,桑德拉尔说他的绘画作品披着狼的面具;也没有潜意识的信息:生活的色彩、基本的原色、无政府主义和囊括一切的需求之怒交织在一起。由于害怕资产阶级的宁静与对神的迷信破坏自己的屋宇,他对用硫酸来捣毁美的固执加剧了。

科克托可认识过魔鬼一样的人。比如善于将最为相互信任的关系变成十字架之路的普鲁斯特,在生命走向结束时,他更喜欢自己的扶手椅而不是朋友们,还有斯特拉文斯基这个随时可以背叛他但转而又天真地回到他身边的人。又比如拉迪盖这个在让他感到切肤之痛后用自己的翅膀飞走的家伙,还有忘恩负义的热内。但那都不是这样一种羞辱和捣毁别人的怒火。马拉加人的星座?当然是天蝎座。

　　期待着来自母亲的一切的普鲁斯特喜欢用恭维来捧杀他，然后又无端地指责他。但是，作为弗洛伊德的同代人，普鲁斯特知道如果过分地求助于别人，会把别人吓跑。而毕加索是两次世界大战的产物，是野蛮的先锋派和颂扬残酷的人，与乔治·巴塔耶和雅克·拉康一样。拉康的言辞可以解释毕加索与科克托的关系："爱是不要把自己拥有的东西给一个太贪婪的人。"

　　诗人还不至于对画家说：画家将会为地位不保而担忧。在他自己的角度，他开始怀疑这种泛滥的绘画。当然，毕加索给人的印象是藏在美术史后面的西方最伟大的天才在失序时绘画的手。但他吞噬了这么多相互矛盾的美学观念，以至于毕加索本身似乎不复存在。如果吉鲁每天早晨都对他重申他是一个天才，以给他迈向工作室的勇气，马拉加人难道不会自我怀疑吗？他工作时每天都在想捣毁前一天画的草稿，他难道不是在报复他所没能创造出的东西，报复一个他想在上面签名的世界吗？那永远不会属于他。毕加索悲惨地抱怨：生活让人难以忍受。

　　"奇怪的是年轻人并不急于杀死你"，科克托说。"我有准备"，毕加索冷冷地回答道。

　　在作家个人的日记中，他进行的批评更为严厉：毕加索不是在画肖像，而是在画漫画，他不是在写信，而是在明信片上涂鸦，用锯齿形的字体在破碎的玻璃上谱曲。他不是花很长的时间去完成一幅又一幅作品，而是把他们都串连起来。"毕加索没有单独的作品，他有的是不同的绘画时期。"他写道。

　　马拉加人是否更多地是在支票而非画作上签名？20

世纪前三十年的绘画大师更多地变成了一个用供给来刺激需求的经纪人？他接受了克鲁佐的镜头一整天的拍摄——这是科克托第一次看到他连续作画——令他惊讶的是，毕加索拒绝给录播室主任的女儿签名，随后就把他的速写收拾起来，没有留下漏网之鱼……当马拉加的公证员代表团要求他完成他父亲草拟的一只鸽子时，毕加索只是给他们寄了一张明信片吗？

这首先是粗暴的……

"他想维持一间毕加索画作的商店，"科克托在1918年就这样记录，"人们看着他绘画，其作品价值从五十生丁到五万法郎不等——逼真、新奇、静物画风格或者18世纪风格。一个真正的色彩商人……"

而毕加索在瓦洛里圆形剧场里组织的斗牛赛呢？那是让他圈子里的人惊呆了的"可口可乐斗牛赛"。

在科克托狼吞虎咽般地阅读的侦探小说里，强盗们有了钱后购置的总是毕加索的画，而不是他的书的首版。这是为什么？因为毕加索超越了任何品位的选择——科克托在日记中吐露。不管他是为夏纳的画廊画地中海风景，还是给商务代表的青铜猴子签名，或是画那些取悦老猪猡的大屁股女人。这一切就像丑对他的诱惑力——在毕加索那里，美和丑都是故意的，这推动他画出最"糟糕"的画作，从《朝鲜大屠杀》到《格尔尼卡》——发育不良的赘物，"这幅画有富有攻击性的虚无"，这令画家喘不过气来；再到1958年为联合国教科文组织所作的壁画。但他怎么敢挑战公众的保守态度呢，尤其是当这么多的保守人士都将这幅壁画与米开朗琪罗的《最后的审判》相提并论时？结果是：整个地球上的人都开始不理解美到底是什么。纽约的小学生们如果以能被辨认的方式去模仿这幅画，会被老师揍上一顿。

他们之间隔着一道深渊，科克托确信。他在画朋友们的肖像画时试图抓住他们的灵魂，而毕加索则用硫酸捣毁他所画的所有面孔，将多拉的半身像浸泡在尿液中来增加它的色彩。他没有画下去的俄尔甫斯素描不是会让人想到醒着的梦游者吗？毕加索展示着他的牛头人身像"犁过"被动的克里特女人的场景。科克托拍摄升到空中的天使，毕加索的画中则是坐以待毙的斗牛。公牛的蹄子稳稳站在地上，而大地不是科克托的祖国。"你不了解这座城市，你在街上转悠。"都都天真而聪明地说，"毕加索则有张证件，他知道要往哪里去。"

在这不对等的友谊中，另一件让他产生挫败感的事情是：科克托越是夸奖毕加索，就越是得不到毕加索的赞赏，安达卢西亚人对科克托的绘画作品没有半句肯定的言辞。是因为在鼓励他绘画后，又发现这其实碍事吗？马蒂斯会给科克托打电话，告诉他他画的地毯非常棒，毕加索则故意报以沉默。因为这幅地毯被昂蒂布博物馆收购了，而这家博物馆之前以收购毕加索的作品为主。

在毕加索眼里，只有马蒂斯还存在。关于地毯，科克托仔细地咨询了马蒂斯的意见——这个细节只会让国王恼羞成怒，因为他同时也在继续给他传授粉彩和粉笔转印工艺。毕加索忙于维持别人对他的看法，"因此欠缺理解别人的才华的能力"，科克托写道。蓝色时代的感伤落泪变成了一个只对肥皂剧感兴趣的、自私的魔鬼。

　　这些可怕的内幕，科克托当然不想公之于众。他将之记录在《确定的过去》一书中，只到 1983 年才将它出版，这是一位被自己的命运所困扰的作家的日记。但是他和乔治·布拉克——立体主义的前"伙伴"——想法差不太多，"以前他是一个伟大的艺术家，现在他只是一个天才"。从某些方面来看，毕加索只是一个价值连城的签名。而签名很容易模仿，因为他的签名笔法简单，市场上充斥着很多赝品。他不是让弗朗索瓦兹·吉鲁逼真地复制自己的作品吗，当他不想给他们真画时。或者，当一张假画行不通时他还有退路，画另一张、第三张甚至更多？——所有这些都构成了毕加索的真作？他肯定地说，如果他把画的草稿拍电报发到纽约，那栋楼里任何一个画家都可以依葫芦画瓢。

　　一个善于自我经营的画家兼画廊主，比在《游行》里强行添加进去的叫卖者更粗暴——在科克托眼里毕加索就成了这样的人！毕加索自己大概也是这么想的。他不是第一个笑着宣称"我的作品越是糟糕，人们就越需要"的人。好像他的收藏者是自虐狂一样。"到了一定的阶段，就可以为所欲为。"在占领时期，他曾对科克托这样坦白。"人们会从中找到意义所在。"在谈到同时代的艺术家时，毕加索甚至这样补充："没有什么蜂后，只是有这么一只平庸的、被人们养得别的蜜蜂更肥厚的、更重要的蜜蜂。"没有比这更明确的了……

　　"他的秘密是他没有自己的秘密"，科克托说，这让他能够像吸水纸那样汲取别的大师们的秘诀。这推动了他去展示一只画架前的猴子或是五颜六色的老年小丑。"人们应该将毕加索马戏团里被毕加索'吃掉'的其他画家集中起来做个展览，"科克托补充，"可能这会提供将其中的某几个牺牲者封圣的理由。"在最后一次去瓦洛里的时候，他确信在一根廊柱上发现了自己的画——这其实是毕加索模仿科克托的风格画的一幅画。

对此，他以前会感到受到了赞许，但如今他为之痛苦。"毕加索将所有他喜欢的风格收入囊中，无论是伊特鲁里亚风格还是现代风格，而这种借取是如此强悍，以至于别人也无话可说。"当人们问他，他的蓝色时期与粉红色时期跟现在的他有何关系，什么让他从立体主义走向成熟时，他喜欢这样回答："上帝创造了长颈鹿、大象和猫，上帝有他的风格吗？"更为不公正的是，人们将科克托比作被苏格兰格子包裹的精疲力竭的变色龙，关于这一点，在半个世纪以前的《波多马克》中他就曾提及——这种指责是卑鄙的。普鲁斯特曾嫉妒他文笔流畅，清新质朴，那时他还不到二十岁，从未怀疑过自己的独特……

当让·马雷模仿科克托雕刻的精灵时，别人会嘲笑他，但是当毕加索所有的同伴——从多拉·马尔到弗朗索瓦兹·吉鲁——都在模仿毕加索画画时，他的同伴们又会说些什么呢？

恼怒变成了在作家的内心撕裂的一道伤口。毕加索是玩杂技的小丑，乔装打扮来掩饰自己的虚无——"一个已经过气的格洛克"，约翰·理查森说。圣人毕加索在拍照的时候喜欢打扮成妇女或牛仔——"他的展览让人惶恐不安，连狗都感到沮丧"，科克托这样评价。"这个悲天悯人的商贩，在涉及性时没有任何顾忌，他保守地讨好女人，乔装打扮成妇人——为了取笑让他厌烦的女性，并因为永远也不敢承认自己的同性情节而自我报复。"科克托在日记中这样记载。他打扮成唐璜，却被安达卢西亚的大男子主义逼得走投无路，他表面正常的性别取向中富有攻击性，这与科克托全然不同，他对待女士总是那么殷勤，尤其是对自家的厨娘，她曾对记者说："科克托先生？一个好上帝，甚至比上帝更好……"

在 1956 年拍摄的《毕加索秘密》里，克鲁佐在镜头上的尝试可能没有抓住任何东西。只有一个抱怨其灵魂上的疥疮的男人，和一个"一切都是虚无"的动机——一个画了一大堆画为了不去上吊的画家，正像他有时抱怨的那样。毕加索怎么会同意在这部消极的影片中现身？这部电影意在揭露科克托也无法识破的创作秘密，即便他们之间已经保持了四十年的交情。"他是丧失了所有的谦虚，还是失去了对我目光的畏惧？"作家情绪复杂地说。

这头怪兽准备摧毁一切，以此来与真正的创世主相匹敌，他不屑一顾地嘲笑阿拉贡的和平鸽——"这是种残酷的飞禽，可以挖掉人们的眼睛。"他咯咯笑道——他不是个魔鬼吗？只有这个莱里斯口中的"黑法师"才会将科克托形容为一个带来厄运的驼背。"每次我换女人时，我都要将前一个焚烧掉。"在这一点上撒旦也没有比黑法师更好的表白。"她并不让人不愉快，她只是'中了邪'。"柯莱特对一个被毕加索所画的女人像激怒的观众这样说。"中了邪"这个词是布列塔尼的农民形容一头被别的牛激怒的牛的词汇。

在这场"宫廷革命"的顶峰时期，科克托宣称 20 世

纪最大的天才是他自己。只有他才会像以前的大师们那样
绘画，只有他创作的陶瓷作品才有文雅之风，只有他创作
的绘画作品才有生命力。他是比马拉加人更为真实的艺术
家，而马拉加人则是真正的美的敌人，在接近七十五岁时
开始粉碎那些陶瓷作品。科克托宣称，他对年轻人的影响
力比那个没有心肠的、借用了他最优秀的线条创作的时代
之王更甚，他对詹姆斯·劳德就是这样说的。在 20 世纪
没有人可以与他相比，甚至连刚刚回归体系音乐的变色龙
斯特拉文斯基也比不上。他为索斯比城堡所作的壁画与克
诺索斯遗迹里的一样漂亮，当壁画沦为废墟时人们可以见
证这一点，他在自由城小教堂画下的壁画也比得上文艺复
兴时期最漂亮的教堂里的。他卖给昂蒂布博物馆的地毯能
碾压那儿所有毕加索的作品。在将他的偶像打翻在地，坐
上无人的宝座后，受过侮辱的孩子发现他自己其实是 20
世纪一直在等候的那种全面艺术家。"有一天毕加索的荣
誉会变得不容易被理解，不比已灭绝的鸟类的一具残骸珍
贵多少。"多拉·马尔对詹姆斯·劳德说了实话，而现在
科克托也差不多这样认为。

在这个无可争议的统治地位上坐了数周之后，疑问重
新回到他心中。谁敢和他一起呼喊："国王光着身子"，除
了那些想拖绘画后腿的学院派批评家们？毕加索在他这个
年龄已经不会有什么改变。他还是那个喜欢通过把黄蜂切
成两半来理解它们飞行方式的老顽童——"现在的我和十
四岁时一样"，他对卡恩韦勒说。他继续他的绘画和雕刻，
不去想太多为什么和怎么做，就如同他在法国住了半个世
纪之后依然讲安达卢西亚语。记者们依然围着他想采访

他，而人群则蜂拥而至来围观他，不管他是在参观埃菲尔铁塔还是泰姬陵。他们也并不知道自己在想什么。

"他就是人们所说的一道深渊，或一片混乱。"三十年前，马克斯·雅各布在给科克托的信里写道，他还补充说："毕加索并不'存在'，而是在'发生'，正像维柯所说的上帝。"一位魔鬼吗？也许。但是如同科克托喜欢说的那样，"没有魔鬼，上帝永远也无法抵达大众心中。"

无知的记者们总在到处乱写，毕加索或许因此而很恼火，"科克托才是毕加索的伯乐，他将《游行》的舞美设计委托给他"，除非有第三个人（詹姆斯·劳德或约翰·理查森？）对画家复述科克托谈他的或多或少中听的话——这两个人实际上都很难对付。

科克托再次忍住了自己的报复心。他能对毕加索采取怎样的报复呢？除了恶狠狠地威胁他：永远不再见他，而毕加索会心如铁石。让他们的关系变坏有什么好处？除了平添苦涩？他在两人关系里的屈从态度回应了尼采所说的"永恒的回归"，读尼采的这段文字让他很欣慰。

科克托不知道该如何与人断绝关系，从来都是如此。勇敢的马雷第一个向他指出：他不应该对伤害他的人敞开怀抱，作为他的铁哥们，马雷在这一点上对他嗤之以鼻，诗人却总是找借口来宽宥那些侮辱他的人，认为他们说得很有道理。当他遇到一些希望能修正科克托在报纸上的形象的记者，他并没有说服他们——令人出乎意料的是，他完全是另一个人——相反，他还增强了这种错误印象。

被都都的热情鼓舞，再加上弗朗辛的鼓励和吉鲁的重视（吉鲁在他和画家的对阵中成了他的盟友），桂冠诗人又开始联系瓦洛里城堡里的人。在进行了一些必要的谈判后，毕加索终于同意见这个他已经"斩首"十次的作家，他总是会回到他身边。科克托悄悄地表达了他对可爱妙人儿——他是这样称呼弗朗索瓦兹·吉鲁的——的感激，她竭尽全力使他免于遭受老朋友的攻击。于是，科克托又开始编织这段他付出了很多的关系，他自豪于自己忍住了报复心，挺过了数次精神上的谋杀，当毕加索再次接受他时，他有了一种无法比拟的快感。"我总是问自己，毕加索那些突发的温情是否出于他的本性，是这种本性令人惊讶地展现出来，还是如马蒂斯所想的那样，这是一种歉疚的表示，出自对破坏友情的语言或行为进行补救的需要。"科克托的笔记里这样写着。他倾向于第一种假设：毕加索的热情中包含了侮辱，这是典型的西班牙人，他们诅咒别的教区的圣人，以更好地请求他们原谅。

谁又说得清毕加索的感受？根据吉鲁的说法，这个谜语不比幸福更容易猜。随着年龄的增长，毕加索感到越来越多的不满和怀疑，觉得一切都荒谬而虚无。科克托详细解释说，他最糟的敌人——也就是画家——需要从他那里得知人们是否真正喜欢他的画，而不是被他的成功所迷惑。毕加索每天都质疑围绕着他的鲜花与掌声，抱怨这些东西让他成了马戏团里的动物。吉鲁有时会看见他在落泪，也说不清楚是为什么，只是小声地嘟囔："生活真是可怕！"他数年来一直为溃疡所困扰，而由于迷信和斯多葛主义交杂在一起，他从不说什么，认为只有糟糕的画家才拥有乐观的情绪。毕加索竭尽所能地掩饰他的情绪，同时像逃避一场瘟疫那样逃避死亡，面对艾吕雅的死，他显得漠不关心。

　　喜爱毕加索，这意味着成为奉承他的伙伴，而第二天又成为他的牺牲品——"他既喜欢你又讨厌你"，弗朗索瓦兹·吉鲁向科克托肯定，"他需要你又害怕你"。要知道，当马克斯·雅各布问毕加索，他为什么对那些不太重要的人如此慷慨时，他说，他的仁慈只是表达了他内心深处的无动于衷。如果画家让他的朋友们一再经受考验，那是他寄希望于他们的完美，以此来验证他们之间关系的牢固。

　　这种尽善尽美也是毕加索对自己的要求。在放映克鲁佐的电影时，科克托看到他激动地对着电影里的自己大声喊叫：一会儿嚷嚷"他搞错了"，到下一个画面，又大喊"哦，改了过来！有道理"，就这样一会儿自责一会儿鼓掌。这个只为自己的艺术而生存的画家是个可怜的奴隶，半个世纪以前他对马克斯·雅各布说："因为狗会咬人，所以我只用我的左手来抚摸狗，这样我的右手永远可以绘画。"这是一个用刀在监狱墙壁上绘画的犯人，有时用指甲和鲜血，在能磨断栅栏的锉刀被制造出来之前。他让与他亲近的人为他的作品做出牺牲，毕加索只会以折磨自己的方式来折磨别人。

　　他是一个无法被简要说明的存在，甚至连他的凶猛也无法被简要说明。最富饶和最具毁灭性的精神让他的房子里充满了天才和勇气的神话。"热内说毕加索是一个伟大的、绝望的诗人（一个真正的诗人，尽管他不表现出来），这或许是有道理的，而这也是他赢得广泛关注的先决条件之一。"科克托在日记里写道："只有一个失望的人才会如此与失望抗争，只有一个失望的人才会把积极的虚无主义推向极致。"毕加索杰出的成就让他的悲剧看起来舒适惬意，他仍然是完整的。

在日记中秘密地杀死毕加索——这是一种没有留下痕迹的完美犯罪，此后科克托却忙于让他在伟大中复生。他又开始赞美他的破坏性与重生、重建和转折，带着一种为了弥补过错而产生的公正。毕加索又开始汲取这难以置信的智慧宝库，陶醉于他的赞美，甚至找到了他对这位老友的往日情谊。在看完《战争与和平》之后，他又开始宣称：只有科克托才能准确无误地、保持距离地描述他。于是田园牧歌又复活了，如最初一样活跃而暧昧。

"我是唯一一个让毕加索怀有热情友谊的朋友，"科克托总结，"这就是为什么他有时候反而会用有悖常理的方式对待我。"毕加索可能会再次贬低他的一幅油画，并对他抛出一个句子："你画画的水平比我写作的水平高。"科克托知道这一点并且可以接受。一会儿阳光灿烂且搞笑，一会儿又残酷而令人难以忍受，他从以前到现在都是如此。

"为什么你从不攻击毕加索？"斯特拉文斯基在1920年代就曾这样问他。"因为我喜欢他的残酷。"他这样回答道。

他本可以对他更有用。

仿造

在受了十年配偶生活的消磨后，弗朗索瓦兹·吉鲁于1953年底离开，并带走了孩子们。甚至不允许一盒火柴离开工作室的毕加索这次碰了一鼻子灰。从未被抛弃过的毕加索要求路易斯·莱丽丝工作室终止和"叛徒"的所有合约，并威胁要起诉她——后来，当她出版关于他们俩的共同生活的传记时，他做的事情也差不多，但没有成功。被画过无数次的女人之花几乎要沦为艺术贱民。科克托、布拉克与贾科梅蒂是这一对的共同朋友中少数几个倾听了她讲述的版本，并向她确保忠于他们的友谊的——这是新教式的高贵之举，按科克托自己的说法，这可能是致命的，但毕加索原谅了他们。

　　"八年之后，他放弃了一个年轻、美丽、有魅力的女人……"科克托在他的日记里写道，"除了不爱和不尊重任何人之外，毕加索还自认为忠于一种葬送了他前后几个家庭的幸福的摧毁性风格。"对弗朗索瓦兹·吉鲁他进一步解释说："实际上他崇拜您，但又为此自责。他在对待您的问题上是错乱的。"她自己也确认了："他不是在反抗我，而是在反抗我对他造成的影响。"毕加索意识到了他造成的损害的程度，他对科克托坦言道："我的生活是场灾难。"在听说弗朗索瓦兹·吉鲁独自跑到圣索斯比之后，他甚至亲自打电话邀请科克托到家里来，希望他能帮忙劝说她。

当科克托看到毕加索在绘画上奋力摧毁弗朗索瓦兹·吉鲁的面孔时，他却反倒想起了马拉加人对马雷的美是多么恭敬。"毕加索身上的女人喜欢男人更甚于毕加索身上的男人喜欢女人，"他这样写道，"只是毕加索不与男人发展，就是这样。但很明显的是，比起喜欢女人，他更喜欢男人，而那些和他组建家庭的女人们必须付出代价，一个接一个地牺牲于这种偏爱。"桂冠诗人在二十七年后再次当选，而毕加索的任何一个伴侣都没有享受过这一特权，尽管她们坚持在他的生命中留下痕迹。她们最终都为毕加索放在创作上的大量时间而痛苦，而没有什么能减少科克托对毕加索的热情称赞——他认为这是他一生中的奇遇。相比较而言，他对普鲁斯特的赞美可能更少。

毕加索的怒火在雅克琳娜·洛克的身上找到了出口，一个在瓦洛里的陶瓷供应商"雷米耶"那里工作的售货员。她只有二十七岁，而他比她大了四十五岁不止。她有着几乎属于伊比利亚的那种烟熏似的美，而且对大师崇拜得五体投地。她母鹿一样的大眼睛只需要几周时间就入侵了由她带来灵感的画作。几十年以来的盲目赞同之后，毕加索身边的几个巴黎人开始表示不满。他们认为售货员不及多拉·马尔或者弗朗索瓦兹·吉鲁，她们显然比她聪明很多。科克托是少数几个对新中选者表示欢迎的人之一，这使他在她心中有了不可取代的位置，当她为在她口中毫无讽刺意味的"尊主"——有时是"太阳"——组织家庭

生活。因为被科克托平等对待，雅克琳娜开始经常安排
"大师"和他见面：桂冠诗人又一次保住了自己的位置。

　　1955年科克托入选法兰西学院，虽然过程并不容易，
但这又给了科克托信心。他幸福地交给毕加索他的荣誉的
公开证明，并速写了一张毕加索应该给他画的院士之剑，
搭配上评论寄到瓦洛里。科克托穿上光耀的绿袍，又找到
了为《游行》做准备时用的那种威严隆重的声音——那
时，冉冉升起的法国文学之星指挥着西班牙人在戏剧领域
的首次探索。但毕加索做了一些修正，在他画的院士之剑
中，他用阿尔钦博托①式的笔法加上了公鸡和小丑，和一
些滑稽的小东西，包括一把小勺子、一个牛角面包、一把
黄油刀和一杯咖啡——早餐之剑，他希望让他瓦洛里的牙
医将之熔炼为金子："如果一个人能雕琢一颗牙齿，他没
有理由完不成任何其他的工作。"这些嘲笑科克托的素描
让他觉得好玩，但又让他失望，这可能暗示着不朽不仅需
要有剑。毕加索接受奉承，但却不愿为科克托铺上红毯。
他的一个朋友惊讶于科克托几乎没怎么等待就直接被选
入了，"因为他在那里已经一百年了"，毕加索回答说。如
果说两人的关系有升温，那么毕加索总是在调节这个温
度，就像詹姆斯·洛德所说的那样。

　　新院士紧紧地裹在他的绿色蜂腰燕尾服中，他的院士
之剑由竖琴、星星和他自己画的俄尔甫斯的侧影组成，上
面闪烁着可可·香奈儿给他的一颗祖母绿。拒绝自己到场

_____

　　① 阿尔钦博托（Giuseppe Arcimboldo，1527—1593），意大利文艺复兴
时期著名肖像画家，他的作品特点是用水果、蔬菜、花、书、鱼等各种物体
来堆砌成人物的肖像。

的毕加索委托了奥尔加的儿子保罗，这个致敬委实有些暧昧，这个快到四十岁的家伙只是成了他父亲付周薪的司机。刚一入选法兰西学院，科克托就在一次晚宴上明确地说："作为院士，我比所有人都更占优，除了主教，当然也除了毕加索。"在收音机里收听了科克托在受职宴上的讲话之后，毕加索重新开始了和真正的不朽者们——维拉斯凯兹和伦勃朗们——的对话，他又去观赏了他们最后的作品以便于更好地切入他们的轨道。

　　科克托不久后就暗暗对毕加索表示了赞同：这些一点儿也不了解他作品的糟老头儿让他觉得自己像康帝码头①的一个闯入者。在参加了几次学术交流会后，他收起了他的双角帽，又拿出了在圣索斯比城堡里等着他的内河水手帽，仿佛没有什么能让他真正地安顿下来。他重新遭遇了入选法兰西学院之前在写作时产生的那种怀疑情绪，有时甚至在写作的冲动前感到恶心。

　　在尼姆、阿尔勒和海上圣玛丽的吉普赛人中间，他会感觉稍好一些。他和毕加索一样喜欢看着他们玩耍和跳舞。只有他们狂风一般的音乐、琴弦的尖叫声和响板的挑逗声才能打动马拉加人。听着他们玩着手中科克托所形容的"咬牙切齿的小死人头"，他们似乎又回到了马拉加和塞维涅，这些给了科克托灵感的安达卢西亚城市，1961年，科克托出版了诗歌《西班牙凤凰仪式》。马尼塔斯·

---

① 康帝码头（Quai de Conti），又称铜钱码头（Quai de Monnaie）。

科克托持院士之剑的留影

科克托为自己设计的院士之剑

德·普拉塔①的吉他似乎为他们描绘出了声音的雕塑：他们可以用手指触摸他的音乐。

"人或者生来是年轻人，或者生来是老年人。"科克托喜欢这样说。无法屈服于任何权威的茨冈人生来年轻，像他一样——毕加索则花了更多的时间成为年轻人。被生活左右拉扯的茨冈人们表露出与他们在工作中同样的迷信、信仰和道德上的无神论。他们的能量使这两位决心站在他们艺术前沿的长者激动，而许多同龄人则安于退休生活——毕加索是一棵七十四岁的绿橡树，而科克托是一位岁数是二十二乘以三的年轻人。圣玛丽的女人们只要用脚有节奏地点地，就好像在试着用蘸了汽油的脚跟灭火，科克托马上就有了加入这场神秘的、对抗癫痫天使的战斗的欲望，而毕加索则开始给舞步画素描。在这个巡游的部落和戴高乐——科克托至高的政治半神之间，法国再无他人。一边是伟大的夏尔，一边是乞讨王子的部落，通过电台和电视传播的闲话拯救了这个麻木的世界。

弗朗辛·维斯韦勒自愿帮助雅克琳娜招待客人，科克托和她越来越经常地受邀来到"加利福尼亚城堡"，毕加索在1955年修缮了这座位于戛纳山上的城堡。雅克琳娜对诗人毫无保留，能够修复公牛留给他的伤口的诗人在她眼里是那么宝贵。他收到了前售货员丰沛的感情回馈，也收到了毕加索的。随着时间的推移，毕加索的朋友越来越少，对死亡的恐惧让他变得富有激情。"实际上，让是独

---

① 马尼塔斯·德·普拉塔（Manitas de Plata），字面上的意思是"小银手"，对应法语中"仙女的手指"，他的真名叫理查德·巴里亚多（Ricardo Baliardo, 1921—2014），是著名茨冈吉他手。

一无二的!"当毕加索听到雅克琳娜在听科克托念《天使赫特比斯》的台词的唱片，而惊讶地误以为科克托在他们家的时候，他这样大声说道。"此外，他知道一切，了解一切，他是唯一一个……可以做一切的人"，马拉加人这样明确地表示，然后他补充："我没有真正的朋友，我只有情人。"这项招认让科克托为难，他看到老画家因为他的迟到而着急——这可能是受了雅克琳娜的积极影响，他愿意这样想。投枪斗牛士的生动有趣是对付画家"恶心和倦于生活（taedium vitae）"的良药，他常用"你真的喜欢它吗?"来胁迫他，以给他展示一些自己的画作，然后又工作到凌晨三点。"要保护强者。"尼采会这样说……

让科克托吃惊的是，时间似乎对毕加索没有什么影响。"生日蜡烛的数量越是多，我们剩的灵感就越少。毕加索的情况则是：蜡烛减少了，但灵感剧增。"在为他庆祝七十五岁生日时他这样说道。这只凤凰是如此为自己的生日高兴，他让他想到在初领圣体日收到人生中第一辆自行车的孩子。"我想向您描述，"科克托在他 1956 年出版的《证词》中写道，"他个头很小，手和脚都长得很漂亮，眼睛很可怕，眼睫毛有时内卷有时外翻……他辛辣的话语经常传递出比他想要表达的东西更多的内容。但是当你第二天回味时总能悟出道理，他优雅而强硬的智慧也不可能不影响我们的态度。"

毕加索的建议是如此中肯，科克托有一种是和他在相互渗透中一同工作的感觉，他用他给的大笔刷在芒通的结婚大厅作画，或用他推荐的彩色玻璃装饰板来装饰。就像福楼拜梦想拥有一个两人座的书桌以逃脱他大声朗读的孤独，科克托也远距离地满足着毕加索的梦想。"我们应该一起工作。"看到科克托在研究他的一幅水粉画构图时，毕加索这样说道。毕加索憎恨孤独，也同样憎恨被强加于他的同伴，他又开始思索四手联画之事。

在年近七十岁时，科克托的仿造能力依然惊人。他仍然可以寄给毕加索签着"让，1956/毕加索"名字的绘画作品，同时能够画下路易斯·莱里斯画廊组织的毕加索展的展册里的每张画。克里斯蒂安·泽沃斯是这么容易上当，他在马拉加人的作品大全集中混入了科克托的作品。模仿父亲的孩子会在父亲身上活着，带着一种令人无措的天真，他的诗歌也能让人感受到这点，"你（五月一日）的斗牛是毕加索"，不久前莫朗在给他的信里这样说。似乎他仍然在试着内化他这个老朋友的创作机制，以求与他匹敌。但毕加索一点儿也不愿意分享自己的天才、荣耀或财富：如果他希望在去世后数个世纪仍享有盛名，他必须一直是最好的。他足够狡猾，知道科克托这个总是供奉他的撒玛利亚人身上也住着一个想抢夺他核心的火焰以超越他的普罗米修斯。稍微理一理就可以让事情水落石出："你看，他总是模仿我。"他对一位女性朋友说，科克托刚给她最新的一本诗集画了插图。像猫头鹰总在夜里用巨大的眼睛来恐吓任何接近它的事物，但又没有其他任何自卫的武器，诗人使自己毕加索化来与他竞争。但需要三个演员使这种动物性的仿造获得成功：被模仿者、模仿者和受骗者。到了科克托的笔触深受毕加索影响时，也就没有了受骗者。

他必须抓住那种他不了解是什么的东西，那种东西比他自己更强，并让他的老朋友赢得了所有。在一个极端人物面前，他无法控制自己不去为抓住他的光环而模仿他的行为。在看到摄影师镜头前的达利后，他也在鼻子和嘴唇之间夹了一个达利式的小胡子，这小胡子来源于委拉斯凯兹所画的君主。但是用金合欢蜜和癞蛤蟆的体液涂抹自己小胡子的毕加索已不再能维持正常的人际关系。科克托只好听他无休无止地夸夸其谈，他感到厌倦，对这个"装疯的疯子"——当毕加索看到他的桂冠诗人对另一位画家感兴趣起来时，他就是这样说他的。

对于这种转变的能力，科克托给出了一个让人困惑的解释："我不知道在不进行相互交换的情况下能怎么活着——但我不要求别人给我很多东西。重要的是我付出一切，而别人向我伸出援手。我紧紧抓住它，就像离开一件不合适的衣服那样离开我自己的皮囊。"后来他还在日记中这样表述："肤浅的批评家总认为我的仿造是自愿的模仿，源于我在感兴趣的事物前对自我的抹杀。在某种程度上，我也的确是这样。我甚至在痛苦中扮演麻木的角色……但在一件真正的作品前，我毫不设防，这也稀有。"事实上，科克托服务于他自己的小宇宙。他可能在魏尔伦式的诗歌的落款处署名，或是一部超现实主义的电影，抑或是一出萨特式的戏剧，你能从他的每一行诗和任何一个镜头里认出他来：从一根枝条跳跃到另一根枝条上，但总是在同一棵树上，他喜欢这样说。

但是他身上有些东西仍然没有被"把握"。仍然有一些令人眩晕的潜在可能性，它们在努力于持久表达出来。他的部分作品呼应的是如此相悖的美学——《诗人之血》

和《可怕的父母》——当人们将两者并列时恐怕会大脑短路：他的作品零散而具有多种形式，让人想起圣埃蒂安兵工厂目录中那些很难归置的物品。这种多样性也引发了一直伴随着他的质疑声。"在六十岁时，科克托仍然不知道他是该像安娜·德·诺阿伊还是马克斯·雅各布那样作诗；像安格尔还是像毕加索那样作画；模仿拉辛还是乔治·德·波尔图里奇①。"马尔罗在这个十年开始之际这样写道。

　　他只是他自己，这让他十分焦虑。与其独自待在他个性的牢笼背后，他更喜欢在思想里自由翱翔，与他人连接起来以求转变。但是这永恒的春天也让他变得脆弱。"每完成一部新作品，我都是十七岁，我蹲下来希望说服经理、编辑或导演。作品一写成，我的力量就不见了。我见证别人的力量。"他变傻了，变空了，仿佛他是依赖阴影与借债活着。他甚至相信，如果人们躲避他，那是因为害怕成为他这个天生的吸血鬼的牺牲品。"他们猜想我需要他们的真实来创造自己的真实。"他在笔记中这样清醒地剖析道。

　　在那个时代遇到科克托的埃利亚斯·卡内蒂②像是看到了一个半透明的存在：如此纤细的手，卷曲和花白的头发……"像是一个由神经和银丝编织成的人"，《群众与权力》的作者这样说道，这一说法借用了科克托在 1920 年

————————

① 乔治·德·波尔图里奇（Georges de Porto-Riche，1849—1930），法国心理剧作家。

② 埃利亚斯·卡内蒂（Elias Canetti，1905—1994），保加利亚出生的作家、评论家、社会学家和剧作家。1981 年获得诺贝尔文学奖。

代"雕塑"的清理烟斗的自画像。"很长时间以来，我都以为您这个人并不存在，"他的一位崇拜者说，"我想象中的您自愿地摆脱了重力，像一连串在纸上留下痕迹的印象，连续地出现……"这就像是，由于在作品中唤起了一个他好不容易让他母亲忘记的父亲的精灵，他自己也成了一个在黑夜中游荡的血腥的灵魂。"有一天我在可怜他"，埃玛纽尔·贝尔说，"他对我说，'你知道的，我习惯了，我住在自己身体里时从未感觉到过舒服。'他说这话的时候是如此简单和优雅，这句话穿透了我。"

也许，自从科克托给性画上句号，他就有了一种使自己变成优雅天使的倾向。但艺术比其他任何东西都更需要力量，"诗人们神秘的力量总是来源于性带来的益处。"关于普希金，他自己这样写道。而关于毕加索也可以这么说，色情的能量养育了创作的狂热。

他所创造的成千上万的服装、珠宝和布景会引起对他介入当代问题的深度的怀疑吗？毕加索也通过各种各样的办法增强着自己的影响力，但并没有丧失他的信用。他通过变形来让观众不安，并将自己的自由强加于观众，科克托则通过变化来重新赢得对他的上一次表演似乎有所怀疑的公众。两人都累积着绘画、素描、陶瓷、地毯、布景和马赛克，但是毕加索能在其中找到自我，而当科克托看到毕加索的地窖里堆满的手稿时，被其丰富压得透不过气来。

人们很快在心里为他打造了这样一个形象——才华

中透着空洞，而这件涅索斯①的外套让他浑身灼热："这个惯于吹牛的家伙是如此令人头晕目眩，以至于人们都觉得自己已经不该走进破烂的小房子里了"，他在巴黎皇宫区的邻居埃玛纽尔·贝尔说。人们撤销了他富有侵略性的才华本应带给他的特权，甚至他的崇拜者们也是如此。"我认为您并不具有我在您作品中找到的才华。"英国牛津的一个年轻人在 1961 年寄给他的信中这样写道，这位年轻人的这种奇怪感情几乎演变成了虐待情结。在 1910 年前后像一位年轻的神一样生活的他，在半个世纪后却是在过气地生活。他认为自己是这个时代最伟大的一个未出名者，心想着快点结束这一生，就像他八岁时他父亲所做的那样——"遗传了自杀的念头和行为，但并没有什么理由这样做。"他这样准确地记录道。

　　某些东西阻止他最终成为他自己，这东西很深奥。他第一个意识到人们抛弃了那种东西。"我请你原谅我的性格"，他在给母亲的信中写道。在面对毕加索时他也流露出这样的悲哀。或许这就是为什么作为绘图者、画家、壁画家或地毯画家的他总是没有获得真正的声誉，而毕加索却赚得盆满钵满？ "但他们对我的需要是'不计代价'的"，他这样说他的赞助商，"因为我的价位使他们付不起，我就赠送。而当我交货时，他们却不想要了。我的作品丧失了来自他们口袋的价值。"

　　他从来没能给自己买一幅毕加索的画，而他却不惜成

---

　　① 涅索斯（Nessus），古希腊神话中半人半马的艄公，负责摆渡冥河上的事物，作恶多端，曾调戏赫拉克勒斯之妻伊阿尼拉而被杀死。赫拉克勒斯后为其用计杀害。

本地购买毕加索在戛纳所绘制的立刻跃入他眼帘的画花束的红色静物画——"就像马蒂斯疯了"。毕加索从未想过送他一幅画，而他却送过艾吕雅一幅。确实在《游行》之后科克托也没有要求过什么，而毕加索却可以给新来的人带来他的宝藏。莫迪利亚尼 1916 年给科克托画的一幅肖像重又在美国出现，这是这只知了合理的生命期限。喝醉的意大利人想把肖像画送给他，科克托坚持要付给他钱，然后才把画留在基斯林的工作室里，他没了叫马车的钱，然后出发到前线。基斯林自己也背着债，他把画抵押给了圆顶咖啡馆的经理；经理把画挂在啤酒馆的长椅上方，然后又把它卖掉了：这幅肖像如今价值 2.5 亿元，但是科克托仍然没什么财富。

这种贬值似乎打击了他生活的方方面面。在拉迪盖去世后他皈依上帝，所有人都嘲笑他。而当斯特拉文斯基皈依宗教和神圣罗斯，所有人都鞠躬致意；当毕加索选择在占领期结束后入党，所有人都尊重他的介入……与画家和音乐家相反的是，他是唯一一个没有接受艺术方面正规教育的人，唯一一个人们质疑他的现代性、他的介入和他的天才的人。

在散文和韵律方面如此才华横溢的他在白纸面前感到害怕，许多年就这样过去。他仍然能够凭借记忆画出一张从前的面孔，但当需要抓住新线条时他感到害怕，他失去了天赋。同样地，他也怀疑在成千上万他发表过的写作或绘画作品后再添新作的作用。"我的夜晚正在减少。"1953 年他就这样写道，六个月之后他又补充说，"吉他的琴弦走音了，所有的琴弦都松了。"

"您拥有荣誉"，人们有时对他说，他更希望被爱，却不被爱。人们指责他害了他周围的男孩，首先是都都；人们崇拜毕加索，而且每个人都知道他虐待自己的伴侣，令他的儿女们的经济状况不甚稳固。有时科克托会接到请求他帮助的外省年轻人的来信，这样允诺他道："我相信您，我将是您的作品，您将会是一切。"但和拉迪盖、马雷或热内相比，他总是碰上一些张口结舌的演员、没有天赋的小学生或希望拿化装舞会头等奖的"淘金者"，第二次赴约就险些和另一位先生私奔。

自由城的渔夫们在1957年给了他最后一次机会找回信仰，委托他给改作他用的小教堂画壁画。他参照从1950年到1952年装饰旺斯的教堂的马蒂斯的先例，征求毕加索的建议——毕加索在1952年到1954年期间装饰了瓦洛里教堂。毕加索为他的"装饰"艺术提了上千条建议，成品的风格在色彩上与毕加索1920到1930年代的作品《星空》类似。在这些出色的榜样的带动下，科克托表现得不知疲倦。与他那位亲爱的大人物不同，帮助他的工人看到一点点成果就高兴，而且在对完美工作的热爱中找到了最好的报酬。像那些制造陶瓷的工人一样，他们完全没有任何作者的虚荣心，他们使他忘记了他接触过的天才——首先就是毕加索——的粗鲁。这些无名的工匠身上有真正的智慧：像都都一样，他们不理会自己的画是否会被展出，他们吹着口哨工作并幸福地回到家中……

毕加索在他的一生中从不前去看什么成果。但他向科克托保证1957年冬天愿意参观一下他的小教堂，他在午餐时分前去，并发现教堂的门锁着。科克托并没有受这突

科克托在自由城小教堂内部绘制的壁画

如其来的阻碍之骗："我的小教堂的成功会让他们生病的。"他在日记中这样写道。似乎小教堂迎来的参观者们会给毕加索留下阴影……

　　也许他们太了解对方，都不会感到惊讶。"从前我从富有才华的毕加索家里走出来，渴望投入工作，"科克托在《确定的过去》中这样写道，"现在我们的交往很肤浅，完全是走过场。"马拉加人变得越来越不在意，而且在字面意义上装聋作哑，当科克托来到他在戛纳的工作室时，越来越感到似乎面对着一堵墙。"当我和毕加索对话时，我从不考虑对我来说重要的事情。"他在日记中这样坦白地说道。"这样，我们的交谈就滑到一些陌生的领域，开玩笑成了我们之间默契的领土。"在毕加索面前，他不再能感觉到极想成为毕加索的激动。"他的自我中心主义和摧毁力使他被孤独包围，与我的孤独碰撞……而这使得真正的融洽变得艰难。"

　　很长时间以来，在表面上，这个包里装满了备用翅膀的落到地球上的天使似乎可以使自己成为自己想要的样子。尽管多灾多难，科克托似乎还是很享受这种佛赐予弟子们的存在上的多样性。但他的身体不再有力量进行这些变形；经过五十年的变化之后，他的皮肤逐渐干燥。他已经到了不再能真正自我改变的年龄，就像普鲁斯特曾很好地表述过的那样——我们那被习惯保存的过去在我们身上如此沉重、如此强有力地决定着我们的行为，以至于在生命中的每一刻，我们都是自己的后代。科克托天生就是

多面的——"他属于那些像是复数的人",莱昂·布洛
伊①这样评价他——却独自终老。住在圣索斯比的七十岁
老人以科克托的方式写、以科克托的方式画,把他的俄狄
浦斯和安提诺乌斯②移印到餐盘上和计划里,他甚至是在
抄袭自己。"成功是危险的。"他在 1956 年的《时尚》杂
志中这样预言道。"人们开始自我复制,自我复制比复制
别人更加危险。因为这会导致贫瘠。"他常被嘲笑,以至
于他构思了某种自画的漫画像递给对手们,希望他们能够
保存,如同躲在一个狂欢舞会的面具之下。他与毕加索一
样,通过模仿自己,成了自己的赝品制造者,他戏仿自
己、希望自己成为不可企及的。在这可怕的全副武装下,
他感觉到很孤单。让·科克托心里很冷。

　　一直相信仙女、奥秘桌和隐身斗篷的他在密术中找到
了庇护所。他对时间-空间的悖论和关于外星人的最奇怪
的理论感兴趣。他想,我们的宇宙只是几个通灵者能感知
到的、星座沉入宇宙的一部分,而迷信得相当可怕的毕加
索会同意这一点。他相信自己已经穿越了围绕我们星体的
六到七堵看不见的墙,同时担心着在即将出去之前被锁
住。他甚至根据一套依据二十六个字母而不是十位数的数
字体系来诠释伟大的文本,而相信"潜忆"或"预先隐藏
回忆"的人们在他的诗歌《词语》中寻找先兆——发现其
中明确预告了贝当将获投票、全面掌权。

---

　　①　莱昂·布洛伊(Léon Bloy, 1846—1917),法国作家,信奉天主教,
提倡社会改革。
　　②　安提诺乌斯(Antinoüs, 110—130),哈德良皇帝的男宠。哈德良封
他为世界的拯救者和和平之神。

自从写了《骗子托马斯》之后，他总是在吸引招摇撞骗的人。一个搞笑的戏班经理可以骗取他的《人类的声音》的版权，并说服他画德国著名演员玛丽亚·拉尼的肖像画，最出名的画家都画她，警惕的毕加索除外。一个被当成他的配偶的老太太在战前居然以帮"丈夫"拍戏为由从好心的人们口袋里卷走了三千多万元。在1952年的作协沙龙里，一个年轻人蹲在他的书后面冒充他签名题词，然后拿着钱箱跑了。

他对数字占卜术的兴趣为他吸引了新一批公众。他收到粉丝们的来信，他们听过他在电台上发表的关于"我们的身体是座自然的庙宇"的声明，超自然现象的爱好者则听他讲玻璃纤维丝从飞碟上掉下来，在见证者的指间融化的故事。对月食、拿破仑的生日和"可逆日期"——如808，1961——感兴趣的研究者向他提供他们的测算结果，他常提到《水瓶座福音》，这推动了耶路撒冷邀请他为弗雷瑞斯①的教堂做装饰。他的本性会让他答应任何事，有一些人会毫无顾忌、不经允许地使用他的名字，比如约翰尼·哈利戴就写信感谢他为他照料粉丝俱乐部。

到处都出现了科克托的伪作——乱签名的仿造者、等待补助和"促销"的骗子。一些给他写信来揭开他作品中炼金秘钥的"博学者"、一些尊奉他为时代最伟大心理分析学家的精神病患者。某些人恳求他看看他身旁"被他的恶习钉在十字架上的、邪恶的盗贼"在卑微地给他写信，

---

① 弗雷瑞斯（Fréjus），法国普罗旺斯-阿尔卑斯-蓝色海岸大区瓦尔省的一个镇，历史上是法国宗教战争的战场，是座海滨度假城市。

另一些人则认为他是维持地球和集体无意识之间联系的通灵者。

他受到的侮辱也不少。一位子爵称呼他为"除蝇纸"，并在给他的信的落款处签名"来自索多玛的祝愿"。一个女人提醒他：他没有赴他们的约会，然后威胁说要报复他。一个比利时的疯子拿着刀要求他介入控制着自己的神秘力量。他怀疑自己被一些"讲道理的人"冒充，被逼迫治愈那些有宗教幻象的人，但又每次都被他们那些荒诞的举动剥夺了存在：处在这些造伪者中间的他，其人格前所未有地不属于自己。"特殊之处或许在于：他成了某种驱逐他本性的法则的牺牲品。"他在占领期间曾这样写道，"因为那些长期模仿他的人的存在，他的角色就是一直坚持下去，直到他不再特别。哎，确实是在他去世之后，人们才给他签发了这张居留许可。"

毕加索也遭遇着相似的烦恼。一些陌生人破门而入、闯进他的花园，希望他能送他们一幅画，有的还顺手牵羊。"人们像参观埃菲尔铁塔那样拜访他。"科克托在笔记中写道。"人们爬进去，人们在里面午餐。"自从他出现在《巴黎竞赛报》封面上之后，梦想成为毕加索的人越来越多。人们都随意地打扰他，希望攫取一点他的名望，就好像他属于所有人；甚至有人以绝妙的匿名对他施以威胁。于是科克托不能不将门对误入歧途的崇拜者们虚掩起来，画家则躲在插满了瓶子碎片的围墙后面：他没有忘记1950年代来谋杀他的那个疯子。

科克托竭尽全力说服了制片人投资他的最后一部电影：《奥菲斯的遗嘱》。他频受拒绝，以至于他1959年生了脑溢血——"毕加索向你致以一百万个红血球。"雅克琳娜给他发电报说，仿佛吸血鬼的血液能够拯救被吸血的人。由于没有收到什么真正意义上的投资，他成功地说服了他的朋友们友情出演电影。毕加索不可能是最容易下决心的，他不喜欢丢开他的画笔，但和他们的斗牛士朋友多明金以及海上圣玛丽镇的吉普赛人一起拍电影让他真正地感到快乐。所有剧组人员都为他参演而喝彩，他待在那里的时间比预定的久多了，并且，他对弗朗辛·维斯韦勒说他永远不会拒绝他唯一的一个朋友的任何请求。

扮演让男人、女人和野兽着迷的吟游诗人俄尔甫斯的科克托用神奇的元素装扮自己。在马蒂尼翁大街的亚历山大发廊烫的卷发活像美杜莎。斯芬克斯的翅膀从紧紧包裹在涤纶夹克里的肩膀上长出来，似乎在飞翔，这让他看起来像底比斯古城模棱两可的守护者。巨大的蓝白珐琅彩的眼睛像地中海的幸运贝壳，使他的目光如毕加索的目光一样具有威胁性——那是造成强烈视觉冲击的目光的替代品。

这部 1960 年公映的电影界不明飞行物只受到了《电影手册》的编辑们的推崇，首先就是戈达尔和特吕弗。这部作品被严格地按照数字安排，人们似乎正看着一条以诗构成的卷尺展开，在谈及这部作品的时候，毕加索特别提到了科克托庆祝的友谊四十五周年纪念日——那将是接下来的一年。科克托将写给老朋友的文章收集起来，毕加索则为此画了二十四幅石版插图，它们更像马蒂斯的风格，"毕加索，1916 至 1961"是这一系列插图的名字，其中有一幅科克托-毕加索的双面肖像，是他俩之间友谊的石刻遗嘱。

科克托父亲的自杀很早就提醒他：死亡无处不在。"死亡守护着我，就像一种美食"，他说。最后一次希望逃脱岁月、抵御年华老去时，他于1963年进行了脸部整容。"让，他不可能不喝上一口不老之泉。"毕加索私底下对詹姆斯·洛德说。外科医生要求科克托在手术前不使用抗凝血药剂，他的血管里形成了血块。作为永葆青春的手术的受害者，科克托回到了他在米利拉福雷的家，毕加索向他致以康复的祝福。1963年10月11日，俄尔甫斯手放在肚子上平躺着远离了毕加索和雅克琳娜，就像在他最后一部电影中那样，他在电视机前用手为他们的友谊比划着，在数个月前他说道："我爱他们，我知道他们现在正在看着我。"

次日，毕加索收到科克托的最后一封信后大吃一惊：他不仅失去了半个世纪以来天才般地颂扬他的朋友，也失去了使他的职业和社交生活大放异彩的始作俑者，他最优秀的桂冠诗人。然而，当科克托在米利拉福雷下葬时，他选择待在他的画架前，并且拒绝回应公众的任何评论。他让保罗在扶灵的队伍中代表他将遗体送到圣-布莱兹-德-锡普尔教堂，并且逃出他的住所，以逃离那些想采访他的记者们。他对死亡的恐惧阻止他拟定最后的遗嘱、参加朋友的葬礼，在看到最亲近的几个朋友遁入对那种恐惧的最完美的壁垒后，他甚至不愿再听到此事。"只剩下让和我了"，几年前他这样宣称，如今只剩下他一人。

但是毕加索还是决定参加几周后老朋友在自由城教堂的葬礼。人们不知道他对那些壁画作何感想，科克托在其中倾注了太多他自己，和一点点毕加索，然而我们知道都都感激地给他写信，以他那种含糊的风格："我必须告诉您，您是他的神；在他最后一封信中，他只提到了您。"

比科克托大八岁的毕加索比他多活了十年。他陶醉在墨水和松节油中以求逃离时间，他尽可能多地绘画和雕刻，以延后死亡的到来。作为他的伴侣、护士、受气包和秘书的雅克琳娜·洛克帮他躲避记者和他的非婚生子们——他们很想告别他们不合法的地位。1961年嫁给他的雅克琳娜如此能满足他的期待，她常被看作一条龙——毕加索画了许多驼背雅克琳娜、侏儒雅克琳娜和畸形雅克琳娜，就像他将奥尔加画成山羊，将多拉画成双下巴，画长了胡子的弗朗索瓦兹。在91岁时，就像所有人一样，他最终也去世了，留下五万多幅作品。

"当我死去时，那将是一场海难。"他曾这样预言。在他死去三个月后的那一天，他的孙子小巴布利托——保罗二十四岁的儿子——吞了大量的漂白水，数周之后才咽气。两年之后就是保罗，他所崇拜的父亲无所不能，因此而被贬低得一文不值的他因酗酒过度导致的肝癌去世。1977年，曾经非常欢乐的玛丽-泰雷兹被发现自缢于她在胡安勒潘住所的车库的梁柱上。十三年后，忠诚地为他服务了十年的雅克琳娜因为酗酒和抑郁所导致的痛苦而在1986年朝自己的脑袋开了一枪。

"毕加索用别人的鲜血绘画，"弗朗索瓦兹·吉鲁这样说道。他自己可能也不否认，他公开展示自己对骨头的激情，在90岁时，还将自己描绘成猴子骨架的样子。最好的一幅毕加索的肖像可能是由戈雅提早画出的《农神吞噬其子》。有一天，多拉·马尔突然对他说："您从未爱过任何人，您不懂得爱。""我所做的只是去爱，"他在电台里这样为自己辩护，"我爱所有人，但不会再有我爱的人了，我不知道，一株植物，一个门把手，随便什么。"随便怎么想吧。

阴影之军

我难以想象，与科克托的位置如此相近而又相反的毕加索，如果耽于一种四手联画的梦想，又会变成什么样？作家空灵的笔法也会使他的笔触变得轻灵吗？很难想象"毕加托"或"科克索"工作室生产出来的绘画、雕塑和壁画作品。基因的法则在这个领域是偶然的，人们无法确定这种杂交所产生的效果。

　　几十年以来，他们两人相互都给了对方灵感。就像童年时看着父亲作画那样，复制、剽窃和戏仿对他们来说是再自然不过了。如果说简单的剽窃导致贫瘠，模仿却是画家进步的源泉，他们像喜鹊、秃鹫和腐尸那样用看到的东西养育自己：年轻的艺术家吸收前辈的成果，在现实将他包围之前。

　　小孩向他的父辈学习，学习他更好的走路、奔跑和打猎的方式：模仿和巧取豪夺是他进步的钥匙。就像网络上的数百万幅图像一样，博物馆是一个取之不竭的数据库：爱好者和学生借助于它成为简单的模仿者、灵巧的伪造者或真正的艺术家——在科克托用来训练线条的影描和毕加索对他的版本的"塞尚"的速写之间并没有明确的界限。"一次创作只是头脑里不同的模仿的奇遇的结果"，吉约姆塔尔德在《模仿的法则》中这样写道，这个法则在艺术上更有价值：人们拷贝得越多，创造得就越多。

也许不是天生的个人风格，而是超乎寻常的模仿才能推动了毕加索、科克托、普鲁斯特和斯特拉文斯基创造了他们各自的宇宙。是他们积累下来的相互矛盾的模式激发了他们通过创作来超越它们的渴求。在艺术上，没有人天生就是独特的——声称自己 12 岁时就像拉斐尔那样作画的毕加索也暗示了这一点。他从未与父亲留下的遗产决裂，并将非洲和伊比利亚的风格、卢浮宫和普拉多宫①的杰作融为一炉。第一个立体主义者既不是他，也不是布拉克②，甚至不是塞尚，而是格列柯③，谁知道他是从哪儿获得将画面几何化的灵感的？

模仿组织起创作生活和社交生活。模仿是时尚和美学潮流的来源，传播来自谋杀或罪行的全新形式。从 1910 年起，这成为一种不可抵御的风尚：在《亚威农少女》之后，所有人都在绘画中引入了立体主义，放弃了古典十四行诗而学习阿波利奈尔的自由诗。不知怎么，从天而降的绳索牵动着画家和作家们的手腕，也包括无政府主义者们——他们经常是同一批人，他们很快开始埋炸弹，从巴塞罗那到圣彼得堡，经过巴黎。正是为了反对这一流行

---

① 普拉多美术馆（西班牙艺术博物馆）建于 18 世纪，是收藏西班牙绘画和雕塑作品的最全面、最权威的美术馆，也被认为是世界上最伟大的博物馆之一。

② 布拉克（Georges Braque，1882—1963），法国立体主义画家与雕塑家。

③ 格列柯（El Greco，1541—1614），西班牙文艺复兴时期画家、雕塑家和建筑家。

病，毕加索和科克托在第一次世界大战结束后发出"重归正规"的呼声，出于自我批评的乐趣。

科克托把这种对借用的求助用一个矛盾理论化了："一个独特的艺术家不能抄袭。要想成为独特的艺术家就必须抄袭。"或者可以说："一个独特的创作者从不复制。他内化——看上去冒着抄袭的风险。"毕加索也确认了："个性不来自'变得有个性'的愿望。那些一心保持独特的人在浪费时间。"我们总是有需要超越的榜样：科克托从他父亲那里学会了从周围寻找速写对象，毕加索从他父亲那里学会了画鸽子和公牛。如果说模仿是艺术的童年，抄袭则是艺术的成年，只有对那些缺乏个性的人而言，抄袭才是危险的。

科克托带给艺术的不是毕加索和斯特拉文斯基式的光荣的野蛮。他言辞再激烈也是白搭，他无法像他们一样变成公牛或猛犸象，他身体里永远流淌着自己的血。至少他知道如何使自己变得独特，他拥有"被抄袭的特权"，这也证明他找到了自我。

对于被模仿、被致敬，毕加索感觉到真正的快乐。他喜欢和奥斯卡·多明格斯一起亮相，这位作品卖不出高价的超现实主义者在 1930 年代末经常来他的工作室拜访，后来，在占领时期出现了大量毕加索的伪作。这位造假者伪造得如此之像，以至于毕加索本人也会在他认为配得上自己的几幅作品上签名。多明格斯甚至在美国销售真正的毕加索作品，这些画是玛丽-劳尔·德·诺阿伊的，在美国，他将他个人所住的酒店墙上的这些画全部用他的复制品代替。大部分画都会被人当成真的，夏尔·德·诺阿伊——玛丽-劳尔的丈夫也这样认为。这可以给毕加索这个魔鬼驱魔，他当时的情妇说：多明格斯暗地里也想成为毕加索。

毕加索从未提起诉讼。与其如同在阿波利奈尔时代那样，面对一个在预审法官面前戴着手铐的"同僚"，他更希望归罪于玛丽-劳尔，她发现了他的骗术，也成了他的同谋。他派詹姆斯·劳德去和一个画商谈一幅多明格斯的伪作，这个画商发现原作就在一年以前经他手出售！同样是在1950年代，毕加索在模仿他的伪造者那里找到了真正的乐趣，他戴着一个假夹鼻眼镜和一簇黑发来模仿多明格斯喝醉酒时的小丑把戏。他曾送给一位拉美画家一幅水彩画，让他能够回家，这位画家伪造了四幅他的画，并且都销售出去了，他也不感到生气。他亲自出钱赔偿了这些买家，并到处向人宣传这件事，为自己的明智之举而沾沾自喜。"人们拿走的越多，他就越伟大。"西班牙国王武器上的箴言这样写道，他很喜欢以这句话举例。

并且，小偷不能以太显眼的方式成为毕加索，科克托就不是这样的小偷。小偷也不能像阿根廷富豪乔治·邦伯格那样取代毕加索本人，在1920年代中期，他曾将毕加索安置在他的别墅中，让他给他的"毕加索作品"签名，后来这位富豪被收治住院。1969年邦伯格去世时，人们将在他的遗物中找到的画交给莫里斯·兰斯，以便让毕加索甄别和签名。恐惧的毕加索请求拍卖人员永远不要去碰这些画：这些画来自一个1940年代他儿子保罗曾经在里面"休息"过的一个瑞士病院收治的疯子：即便不怎么迷信的人也可以从中发现不祥的征兆。

　　科克托则更喜爱"被盗",因为那是人们嫉妒他的表现。而且他从来不害怕模仿者,不像狂热的诗人勒韦尔迪,终其一生都在追踪所谓的剽窃者。根据经验,科克托知道这样的模仿经常和隐秘的身份认同挂钩。当 1920 年代的年轻人在《可怕的孩子们》中找到这种身份认同时,他甚至鼓励这种倾向,比如,莫里斯·萨赫因为对他的爱而皈依了上帝,并处处模仿他的陋习。

　　显然,这种造伪的需要并不是毫无风险,无论对于榜样还是对于模仿者而言都是如此。毕加索的父亲终于在儿子面前消失了,乔治·科克托则报以自杀,其中一个令他绝望的原因是:他只能成为儿子暂时的灵感来源,他无法做到更多。这些父辈无法持续成为他们孩子的榜样,这反而促使孩子们做出艰巨的努力,以成为无法被模仿的创作者,尽管他们仍然被模仿。

　　如今很难说市场上流通的哪一些"毕加索"是可疑的。一些"以毕加索方式创作的"作品已经被认定出自某一"谱系",或获得某个画廊的盖棺定论。为了防止另外一些没有签过名的真作被从工作室夺走,毕加索仅仅在将它们销售或赠送给亲友之前才给它们签名,以便更好地"持有"这些画。像吉里伯这样的造假者自认为画出了他自称"马马虎虎"的作品,毕加索经常反复画同一幅画,并保留每个版本——如果复制者不是弗朗索瓦兹·吉鲁——而在陆续打听到几幅画的作画地点之后,吉里伯会满足于去那些地点绘画,以沉浸式地仿造。他一边模仿大师,一边和他交谈,以在某种程度上成为他。在他的成果面前,如果画商感受到了如同在一幅真作面前那样的激情，他就会买下它。"这些画是我的作品"，在审判席上，面对四十多幅被交给专家鉴定的他的"毕加索作品"，里伯这样说道，"如果我在其中加上一幅真画，它就成了赝品"。

市场上流通的科克托的假画的数量也同样难以预估。但是他的手法相对比较容易模仿，他是第一个用影描来复制原作的人，很难分辨哪一幅画是原作。他和毕加索一样对此有清醒的认识：那就是自从进入瓦尔特·本雅明1935年所分析出来的技术复制的年代以后，艺术作品的身份已经改变。在摄影、电影和复印件年代之后，因特网和非同质化通证①的兴起并没有损害艺术作品的本质。

我最后要提到的是科克托和毕加索交织的命运展现出的创作的阴影之军。这支阴影之军由那些正在形式中寻找救赎的、"将会成为艺术家"的艺术家构成，但我不打算提及他们加诸自身的怒火、他们的残酷和虐待狂，他们的名字是乔治·科克托、堂·何塞·路易斯、乔治·邦伯格、都都·德米特。他们中的一些人满足于没有名气的生活，没有经纪人也没有画廊主，另一些人则为这种无名的生活倍感痛苦。从没有任何人能既以模仿著名艺术家的手法维生，也以为自己带来一定的荣誉终老。比如艾米尔·德·霍瑞这位在毕加索的风格中加入了一些变化的造假者，1973年在奇特的《赝品》中在奥逊·威尔斯的镜头前声称要为自己讨回公道。

---

① NFT，非同质化通证，是区块链网络里具有唯一性特点的可信数字权益凭证，可以在区块链上记录和处理多维、复杂属性的数据对象。

　　但是谁会对这支阴影之军感兴趣？这群屈从于命运的"周末作家"，在被退稿了几十次之后，在画布上写满了自己编的故事，疯狂地希望能赢得一个真正的编辑的好感并说服他。这些每日生活在拨打电话和无休无止的试演之中的演员，在他们的后代受伤的眼光中看到了他们自己的苦难，然后退隐起来，让苦难在阳光下舒展，当看到晚辈处于本该属于自己的成功的位置时更加痛苦，毕加索的父亲就是如此。

　　同样，科克托与毕加索闪闪发光的事业之路也阐明了那些惯于挣脱伦理规范的创作者将在自己周围的圈子里所能造成的损害之规模。毕加索的女性牺牲品名单被多次重列：他1904年到1912年的伴侣费尔南德·奥利弗被他彻底吸干，到最后她只能引起他的恐惧："他会听任我死去而不闻不问。"她说。奥尔加·霍赫洛娃在为他牺牲了自己的事业后发现丈夫变了心，她嫉妒得发狂，整年地在名义上还是她丈夫的人的住所前徘徊，并将他的画作作为死罪检举。玛丽-泰雷兹·瓦尔特，在以超人的自愿经受他精神上的控制和性虐待之后，也被无情地抛弃了。多拉·马尔在遇到他之后把一切都献给了他的画作与上帝，她是唯一一个可以将毕加索从她自己的精神中驱逐的人，但她晚上常常梦到他，并在时隔二十年之后给他写信要求他不要犯罪。

　　她们所有人都可以像多拉·马尔那样说："我不是你的情妇，但你是我的主人。"她们存在的理由是促使他创造、满足他的欲望和占有欲、让他相信他就像牛头人身的半神——古代人用少女来献祭的对象，直到她们第一次生病——这使她们成为多余的人。只有费尔南德·奥利弗在离开他之后重新建立了自己的生活，对他也没有怨恨。还有，弗朗索瓦兹·吉鲁在 2022 年庆祝了她的百岁生日——而毕加索只活了 91 岁——并仍然是活力和智慧的象征：是她欺骗和离开了他，而他为此而痛苦。

　　而在毕加索事业起步的阶段，他的男性牺牲者的名单也同样很长。我想到了奥坦西·奥格鲁尔、卡鲁斯·卡萨其玛、格莱特·维吉尔，这些迷恋他的男性崇拜者中的一些是同性恋，从巴塞罗那到蒙马特，他们在他的阴影之下生活然后死去。奥斯卡·多明格斯最后切开了自己的动脉，没有等到自己作品的估价上升的那一天。如今他的画很值钱，造假者喜欢复制他的作品。毕加索自己更是认为自己为作品奉献了全部，当谈到那些妒忌他的人时，他喜欢这样说："如果他们知道我的画的真正价格，那么没有人会愿意支付的。"

　　而科克托很害怕成为周围人的灾难。这不是出于虐待狂或无动于衷，而是他能感觉到自己额头上这颗灾星所带来的后果。他迷信地记录着早去世的亲友的名单：包括他父亲、拉迪盖、娜塔莉·巴雷 1930 年代怀过的孩子——他没能劝她把他生下来，还有让·德博尔德——他在 1920 年代的情人，被法国盖世太保折磨致死。也不能忘记弗朗兹·托马森，《可怕的孩子们》时期的兄弟，为了向他证明自己的爱，他割下自己的一根手指寄给他。还有都都·德米特，他在科克托去世之后沉迷于鸦片，他的孩子们也学他的样。人们不可能毫无风险地接近这样一场位于核心的大火。

创作并不服从于伦理标准。创作者经常因太丰满的生命而痛苦，并被生存需求所折磨。这意味着必须成为强有力的杀手——要通过"谋杀"而成为不朽者——于是就产生了作为牺牲者的粉丝。毕加索的虐待狂对任何人来说都不是秘密，他需要和他同等的受虐狂的奉献——比如马克斯·雅各布、艾吕雅、莱里斯或科克托——更不用提多拉·马尔。他的残酷是如此具有诱惑力，有时他只需要静止不动，听其自然。他已经到达了这种展示阶段：他不需要施展自己的力量，他的力量本能地作用于最敏感的灵魂。很多人暗中希望摆脱他的影响，同时又怀疑例外的逃脱不会维持下去。尽管如此，他只是半个魔鬼；当他被抛弃时，他也会感到痛苦。

我和詹姆斯·劳德很熟悉，2007 年他在去世之前留下了这本尖锐的证言——《毕加索与多拉》。我非常喜爱毕加索传记的作者约翰·理查森，他文笔准确、判断到位，他于 2020 年去世。他有着和科克托相似的倾向，劳德与理查森都对画家粗暴的个性印象深刻，并与他的残酷站在一边。他们很清楚他的把戏，但认为他的存在比科克托更加真实，而科克托则受着谎言癖的侵蚀。在书写毕加索时，他们从不会忘记提到《存在的困难》①的作者的那些"谎言"，劳德拒绝翻译这本书，认为这与他所了解的作者完全相反，他站在痛苦的诚实的顶峰——这篇如此私人的作品让我了解了科克托的青少年时代。他们对这个他们所赞美的天才的荒唐之举一无所知，他们一个是多拉·

---

① 科克托所写的一本关于毕加索的生平的传记作品。

马尔的密友、一个是弗朗索瓦兹·吉鲁的密友，他们是首先发现科克托披着怯懦外衣的人，毕加索知道如何引起这种懦弱，而他周围的人无一幸免。约翰·理查森甚至公开反对弗朗索瓦兹·吉鲁出版她的《与毕加索一起生活》，大师的缺点在其中暴露无遗——他后来又公开表示遗憾。在 1956 年匈牙利革命被血腥镇压之后，毕加索对此保持沉默，詹姆斯·劳德激动地站了出来——科克托为此指责了他，这是不公正的，马拉加人仍然是他在艺术上的参考标准。食人魔的男子气概比小拇指的孱弱更值得青睐。

詹姆斯·劳德对他的保留态度给出了另一个说明：尽管科克托很慷慨，但他在和任何人的关系上都很少深度投入。年轻的美国人在他眼里只是粉丝中的一个，而谈论、思考、构建他们之间关系的人是科克托。他"无所顾忌"的一面一下子吸引了毕加索，贝尔纳·米娜雷说毕加索厌倦了谄媚，而科克托把劳德降格到见证者的位置：对那个想确保自己出演的是独角戏的自恋者来说，别人都只是他的回声。——"我们上次见面时，科克托很出色，"艾略特对斯特拉文斯基说，"但他留给我的印象是：他在为另一个更重要的机会演练。"詹姆斯·劳德也写道，诗人会留心远离那些在摔倒时险些让他也连带着倒下的人。这是在指责他潜在的麻木不仁和情感上的冷淡，莫里斯·萨赫是第一个在他热情的言语下发现这一点的人。

因为科克托熟悉痛苦，所以他无可否认地采取了某种形式的残酷。他对自己的弱点采取严苛的态度，对别人更是如此，尤其是当他们的弱点比自己更加明显时。他天使的翅膀不仅具有保护作用，它还能让他逃离日益变得沉重的现实。但是他更愿意和最强大的人一起受苦，而不是让弱者受苦，在一段时间里确实如此：他的那些刽子手们使他的生活比他的牺牲者们更具有强度。

贝尔纳·米诺雷也毫不掩饰对他的保留意见。作为1950年代被科克托接纳的三个年轻的来访者之一，他是最了解科克托作品的那一个。但他那时还太年轻，很久以后他向我承认，那时他年轻得几乎无法被科克托为证明自己所作的不懈战斗而感动。《游行》的效果追随着科克托，阻止他抓住正在他身上上演的悲剧。是贝尔纳让我发现了作家表现出来的聪明和慷慨；弗朗索瓦兹·吉鲁则为我解释了科克托和她与毕加索所保持的联系，当我为科克托传记工作时，我在她位于蒙马特的工作室度过了难忘的一天。

从未有一个像科克托这样量级的创作者有如此强烈的被爱的需求，而毕加索就鲜少具有这种需求。用普鲁斯特打的比方来说就是：科克托很喜欢"钓鱼"，但是他总是钓不到恭维，他的网收回来时经常空空如也。他越是表现得需要恭维、需要有人向他表示热情，马拉加人就越是施展自己的权力。这是一种他们都希望能摆脱的有毒的交换，但他俩又都不可避免地总是重启这样的关系。

"我是否因为过多地向毕加索表示敬意而惹恼了他?"在临去世前不久，科克托这样自问，这很有可能。毕加索被惹恼的原因还有可能是：要求他在"以他的方式画"的作品上签名，就像在别的鸟窝里下蛋、让别的鸟来孵蛋的杜鹃鸟。在年轻的瓦莱里寄给马拉美的表示崇拜的信中散发出一种同样的局促，这样一种模仿风格让《骰子一掷，不会改变偶然》的作者似乎不知该如何回答了，瓦莱里的模仿对他而言是一个威胁，他成了这令人目眩的赝品的反光。

科克托总想搞清楚毕加索创作机制的秘密所在。这种顽强本可以为他赢得毕加索的感激，毕加索本人也对马蒂斯的艺术展现出相同的好奇心，马蒂斯是他最敬仰的同代人，在马蒂斯的问题上，他从不信口开河。弗朗索瓦兹·吉鲁写道，"但是，如果毕加索也被分析的渴望占据"，她明确地说，"那经常是为了摧毁。"他怀疑在事物和存在的背后有种内在的狡猾，骰子已被作弊的人动过手脚。在我看来，科克托最大的错误就是一直想成为毕加索，而"毕加索如风，不属于任何人"，吉鲁反对道。这场比赛注定是不平等的。

从斗牛术到弗拉明戈，现如今，那些整块整块的毕加索神话都过时了：他的大男子主义令我们难以忍受，他犬儒的那一面在无趣时则让人侧目。对他的野蛮的披露使他进一步地无所不在，而未将他的影响削减：前所未有地，人们大量地写关于他的书、拍关于他的电影、办关于他的巡展和回顾展。一股来自美国的浪潮要求将艺术实践伦理化，人们从未像现在这样对这个曾经的魔鬼感兴趣：关于他是厌女主义者的宣称引起了人们对他的好奇和对他作品的狂热崇拜，就像塞林纳的反犹主义反而保持了他在人们心中的新鲜感，要不是身上带着这黑色的传奇，他不会被如此广泛地阅读。"艺术作品越是多，伦理就越少。"美国第二任总统约翰·亚当斯曾这样悲叹道。同样，越是没有伦理，好奇心就越重。

　　近二十年来，科克托的造型艺术又重新赢得了人们真正的关注，在艺术和电影学校成为研究材料，甚至不再被认为不适于进入大学课堂。但是他没有普鲁斯特或毕加索身上的那种魔性。在米利-拉弗雷和昂蒂布有两家专门为他所建的博物馆，如果不算上在芒通镇那座被暴风雨淹没的，不过，这还是无法与无以计数的冠以毕加索之名的博物馆相提并论。而毕加索的市场价格比科克托高很多，在科克托的作品中，画商找不出那种可以在拍卖会上引起轰动的作品。

　　如今这些造型艺术家们的成功得益于西部的投机者，也得益于东部的寡头政治家，不过无论他们是来自华尔街（如杰夫·昆斯），或是来自管理学校（如理查德·奥林斯基），或是来自别的什么地方（如莫力佐·卡特兰），他们都应感谢毕加索，是他说服了人们：一个画家可以同时是革命家和千万富翁。查尔斯·雷和村上隆这样的艺术"孩童"兴起，跻身于市价最高的画家之列，他们也同样也欠"我花了很长时间来保持年轻"这句话的作者科克托的情分。一个南美人2016年从屠宰场救下一只200公斤的母猪，它能用嘴在画布上作画，最新的一张画卖出了24 000欧元的高价，这位猪加索（Pigasso）日益扩大的成功也可以被看作是向毕加索理财天赋的致敬——猪加索已经和一间画廊签下了400幅画的合约，这间画廊急于向世人证明猪也有才华。

　　毕加索和科克托"共同构思"的最后一件作品很可能带着安迪·沃霍尔的名字——在他事业的开端，他是一个模仿他们的画手。毕加索更像一个情人而不是父亲，科克托从未生育过后代，但沃霍尔在看到他们的工作之后，就像他们对他们的父辈所做的那样，自命为他们的继承人，并生产出他狡猾和缺乏灵感的后代们。就这样，艺术将不同的存在杂交在一起，以此来延续它的存在，就如所有例外者的族谱所示的那样，生产出不分彼此的存在。

参考书目

布拉塞，《与毕加索的对话》，伽利玛出版社，1964 年。

弗雷德里克·布朗，《无人称的天使》，Viking press 出版社，1968 年。

玛丽·林·柯斯，《多拉·马尔的生活》，Thames and Hudson 出版社，2000 年。

让·科克托，《陌生人的日记》，格拉塞出版社，1953 年。

让·科克托，《给母亲的信》，卷一，1898—1918，卷二，1919—1938，伽利玛出版社，1989 和 2007 年。

让·科克托，《五月一日的斗牛》，格拉塞出版社，1957 年。

让·科克托，《脐带》，普隆出版社，1962 年。

让·科克托，《回归正轨》，斯托克出版社，1962 年。

让·科克托，《鸦片》，格拉塞出版社，1928 年。

让·科克托，《毕加索》，L'école des loisirs，1996 年。

让·科克托，《批评的诗歌》，两卷，伽利玛出版社，1959 年和 1960 年。

让·科克托，《日记》，1942—1945 年，伽利玛出版社，1989 年。

让·科克托，《确定的过去》，8 卷（1951—1963 年），伽利玛出版社，1983—2013 年。

让·科克托，《诗歌全集》，伽利玛出版社，七星全集，1999 年。

弗朗索瓦兹·吉鲁、卡尔顿·雷克，《和毕加索一起生活》，卡尔曼-莱维出版社，1960 年。

弗朗索瓦兹·吉鲁、卡尔顿·雷克，《马蒂斯和毕加索》，罗伯特·拉封出版社，1991 年。

让·雨果，《记忆的目光》，Actes Sud 出版社，1983 年。

马克斯·雅各布、让·科克托，《通信：1917—1944》，巴黎-地中海出版社，2000 年。

约尼斯·康塔克索普洛斯、马尔克斯·穆勒，《科克托遇见/一分为三的毕加索》，Hirmer 出版社，2015 年。

詹姆斯·劳德，《毕加索和多拉》，Weidenfeld and Nicolson 出版社，2000 年。

詹姆斯·劳德，《某些引人注目的人》，法勒、施特劳斯和吉鲁出版社，2001 年。

詹姆斯·劳德，《我奇怪的战争》，法勒、施特劳斯和吉鲁出版社，2010 年。

贝尔纳·米诺雷、多米尼克·巴尼等，《〈一个世纪以来的科克托〉展览目录》，蓬皮杜中心出版社，2003 年。

巴勃罗·毕加索，《关于艺术》，伽利玛出版社，2000 年。

巴勃罗·毕加索、让·科克托，《通信：1915—1963》，伽利玛出版社，2018 年。

约翰·理查森，《毕加索的生命》（卷一，天才，1881—1906，卷二，反抗的立体主义者，1907—1916，卷三，凯旋的年代，1917—1932，卷四，牛头人身年代，1933—1943），Knopf 出版社，纽约，1999 年。

约翰·理查森、克洛德·阿尔诺、伊丽莎白·库宁，《毕加索在地中海的岁月》，Gagosian/Rizzoli 出版社，2010 年。

戴安娜·魏德马耶尔-鲁兹-毕加索、菲利普·夏尔尼埃，《施魔法的毕加索》，伽利玛出版社，2022 年。

图书在版编目(CIP)数据

毕加索与科克托 / (法) 克洛德·阿尔诺著；杜蘅译. -- 上海 : 上海远东出版社, 2025. -- ISBN 978-7-5476-2088-5

Ⅰ. K835.515.72; K836.565.6

中国国家版本馆 CIP 数据核字第 2024S0L506 号

Originally published in France as:

PICASSO TOUT CONTRE COCTEAU by Claude Arnaud

© Éditions Grasset & Fasquelle, 2023.

Current Chinese translation rights arranged through Divas International, Paris, 巴黎迪法国际

Simplified Chinese translation edition copyright@2024 by Neo-Cogito Culture, Ltd.

All rights reserved

上海市版权局著作权合同登记 图字:09-2024-0883 号

毕加索与科克托

[法] 克洛德·阿尔诺　著

杜　蘅　译

出 品 人　曹　建

出版统筹　杨全强　杨芳州

特约编辑　金子淇

责任编辑　王智丽

装帧设计　SOBERswing

版式制作　南京紫藤制版印务中心

出　　版　**上海远东出版社**

(201101　上海市闵行区号景路 159 弄 C 座)

发　　行　上海人民出版社发行中心

印　　刷　上海颛辉印刷厂有限公司

开　　本　850×1168　1/32

印　　张　7.125

字　　数　131,000

版　　次　2025 年 2 月第 1 版

印　　次　2025 年 2 月第 1 次印刷

ISBN 978-7-5476-2088-5/K·212

定　　价　48.00 元